KB273854

라 돌체 비타 : 피렌체, 토스카나

라 돌체 비타 : 피렌체, 토스카나

라 돌체 비타 : 피렌체, 토스카나
느리고 깊게 걷다

초 판 1쇄 2026년 03월 19일

지은이 김승우
펴낸이 류종렬

펴낸곳 미다스북스
본부장 임종익
편집장 이다경, 김가영
디자인 윤영빈, 윤가희, 임인영
표지 디자인 김남영
책임진행 김은진, 이예나, 안채원, 국소리, 송가희

등록 2001년 3월 21일 제2001-000040호
주소 서울시 마포구 양화로 133 서교타워 711호, 808호
전화 02) 322-7802~3
팩스 02) 6007-1845
블로그 http://blog.naver.com/midasbooks
전자주소 midasbooks@hanmail.net
페이스북 https://www.facebook.com/midasbooks425
인스타그램 https://www.instagram.com/midasbooks

ⓒ 김승우, 미다스북스 2026, *Printed in Korea*.

ISBN 979-11-7355-756-9 03920

값 20,000원

미다스북스는 다음세대에게 필요한 지혜와 교양을 생각합니다.

라 돌체 비타:
피렌체, 토스카나
느리고 깊게 걷다
김승우 지음
미다스북스

목차

1부
꽃의 도시 피렌체

2부
푸른빛 토스카나

길 위에서 묻다

몇 년 전, 36년간 다니던 직장에서 퇴직했다. 몸과 마음은 36년 간 수레바퀴처럼 돌아가던 일상에 맞추어져 있었다. 멈추고 나니 모든 것이 정지된 느낌이 들었다. 몸은 회사를 떠났지만, 마음은 그 대로 관성에 의해서 회사에 머물고 있었다.

그동안 긴장하느라 아플 겨를이 없었던 몸과 마음이 한꺼번에 아 팠다. 젊은 나이가 아니었기 때문에 회복도 훨씬 더디었다. 정신을 차리고 보니 몇 년이 지나갔다.

무엇인가 불안한 마음이 한구석에 자리 잡고 있었다. 다시 원점 에서 삶을 재구성하기로 다짐했다.

'나답게 사는 것이 무엇인지' 스스로에게 묻는 시간이 이어졌다.

시간이 그다지 많이 남지 않았다고 느꼈다. "왜 사느냐"나 "무엇을 위해서 살 것인가" 같은 형이상학적 문제는 제쳐두는 것이 정신건강에 좋을 것 같았다.

인생이란 자기 자신이 누구인지 알아가는 과정일지도 모른다. 끝없이 반복되는 '나는 누구인가'라는 질문에서 잠시 벗어나고 싶었다. 어쩌면 답을 찾을지도 모른다는 기대를 품고 여행을 떠나기로 했다.

문득 이탈리아가 떠올랐다. 예술가들은 창작의 영감이 고갈될 때 이탈리아를 찾곤 했다. 괴테, 멘델스존, 스탕달, 바그너의 이름이 차례로 머릿속을 스쳤다. 밝고 따뜻한 햇볕, 선명한 색깔의 산과 바다, 이탈리아 특유의 사랑과 열정이 머릿속에 그려졌다. 삶을 새롭게 재구성하기에는 이탈리아만큼 어울리는 곳은 없다고 결론을 내렸다.

이탈리아를 일주할 것인가, 한 지역에 머물지 고민했다. 두 선택 모두 매력적이었지만, 한 지역을 깊숙이 알아보고 싶은 욕망이 더 컸다. 세 번째 이탈리아 여행이기도 하고 주마간산식 여행을 이젠 하고 싶지 않았기 때문이다. 매력적인 시칠리아, 포지타노, 아말피, 라벨로가 있는 남부 이탈리아, 쾌적한 카프리섬도 가고 싶었지만, 최종적으로 피렌체와 토스카나로 가기로 마음을 먹었다. 피렌체는 르네상스의 도시로 문화와 예술이 작은 도시에 응축되어 있고 토스카나는 자연 경관이 부드럽고 아름답기 때문이다.

무엇보다 르네상스에 대해서 몸으로 체험하고 싶었다. 어떤 동력이 르네상스를 끌어내고 그것이 어떻게 발전했는가에 대해서이다. 개별적인 나의 삶을 보편적인 르네상스의 흐름으로 비추어보고 싶은 욕망이 일었다. 또한 토스카나의 풍경에서 마음의 위안을 받고 싶기도 했다.

한 달 살기는 참으로 애매한 시간이다. 어느 지역의 삶과 감정을 온전히 느끼기 위해서는 적어도 1년이 필요할 것 같았다.

정착이 아닌, 느리고 여유로운 한 달 여행을 하기로 했다. 대략 피렌체에서 20일 토스카나에서 10일 정도 지내면 충분하다고 판단했다.

피렌체에서는 미술관, 박물관 등을 중심으로 일정을 짰다. 세 번째 가는 곳이었지만 수박 겉핥기식으로 본 모든 것을 구체적으로 섬세하게 보고 싶었다.

떠나기 전 시간이 많았기 때문에 피렌체와 르네상스에 관한 책을 많이 읽을 수 있었다. 예전에 비하면 준비를 많이 한 셈이었다.

진정한 여행의 시작은 준비할 때부터 이미 시작한다는 것도 깨달았다. 마음속으로 꿈꾸고 준비하고 계획을 세우는 것은 실제 여행

만큼 즐거웠다. 중요한 것은 준비기간의 길이가 문제가 아니라 마음의 태도라는 것도 실감했다.

정신없이 지내다 보니 어느새 비행기를 탈 시간이 됐다. 아내와 함께 설렘을 안은 채 로마행 비행기에 몸을 실었다.

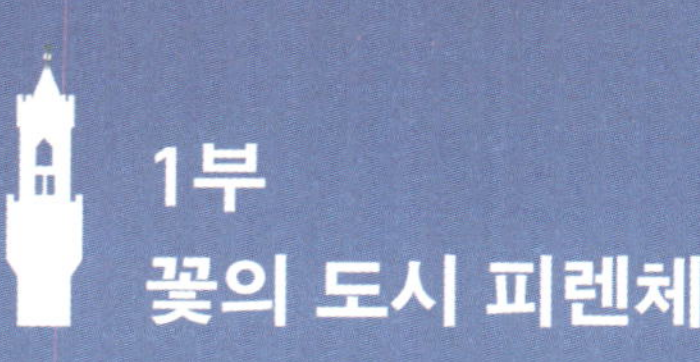
1부
꽃의 도시 피렌체

"우리는 시대의 정신을 가지고 살고 있다.
아름다움은 바로 그 시대의 정신을 반영한다."

르 코르뷔지에(프랑스 건축가)

두오모 종탑 세례당

하늘로 솟은 열망, 내면에 침잠하는 사유

피렌체는 꽃의 도시이다. 이번이 세 번째인데 나를 이끄는 매력은 무엇일까? 아마도 르네상스가 화려하게 꽃을 피웠던 곳이기 때문일 것이다. 나이가 든 지금, 르네상스의 현장을 직접 경험하고 다시 태어나고 싶은(Re-Naissance) 욕망을 느꼈다. 육체적으로는 시간을 되돌릴 수 없지만, 정신적으로는 다시 태어날 수 있다고 믿었다.

도시에 첫발을 디디면 가장 먼저 만나게 되는 것이 산타 마리아 델 피오레 성당이다. 어디에서나 보이는 커다란 적갈색 돔을 가진 성당은 단순한 건축물이 아니다. 시민들의 자부심과 하늘로 솟아오른 열망 그 자체이다.

두오모는 한 도시를 대표하는 주교좌 성당을 뜻한다. 원래 그 자리에는 산타 레파라타 성당이 있었다. 새로 두오모를 짓게 된 계기는 경쟁 도시국가 피사와 시에나가 대성당을 가졌으나, 피렌체는 작고 소박한 성당을 가지고 있었기 때문이다. 시민들의 정체성을 확립함과 동시에 도시의 경제력을 과시하고 정치적 위상을 드높일 거대한 상징이 필요했다.

성당 건축은 당대 최고의 유명한 건축가, 조각가, 화가 등 모든 예술가가 총동원되는 거대한 프로젝트였다.

완성 단계에서 결정적 난관이 생겼다. 본당 건물은 완성됐으나 돔만이 미완성 상태였다. 집은 다 지었는데 지붕을 얹지 못해 하늘로 뻥 뚫린 흉물처럼 된 것이다. 지름 45미터의 거대한 돔을 올릴 방법이 없었기 때문이다. 이때 이 문제를 해결한 사람이 등장했는데, 바로 브루넬레스키였다. 그는 고대 로마 판테온에서 아이디어를 얻어 돔을 올릴 실마리를 찾았다. 문제 해결의 핵심은 돔 자체의 무게를 줄이는 것이었다.

바깥벽과 안쪽 벽의 이중 구조로 돔을 쌓았고, 두 벽 모두 위로 올라갈수록 폭이 얇아지는 혁신적인 공법을 도입했다.

브루넬레스키는 돔을 완성하여 두오모 건설에 마침내 화룡점정을 찍었다. 이 돔은 르네상스 건축의 전형을 보여준다. 1,000년 전 고대 로마의 판테온에서 영감을 얻어 돔을 건축했다. 판테온을 그대로 돔에 재현하는 것이 아니었다. 새롭게 해석해서 그 시대의 기술과 요구에 맞게 재창조했다. 그는 아무도 해결하지 못했던 문제를 새로운 시선으로 봤고, 그 실마리를 오래된 과거에서 찾았다. 과거를 새롭게 보고 그 시선으로 현재를 재구성했다. 붉은색 돔을 바라보며, 막혀 있는 현실을 과감하게 전복하는 브루넬레스키의 혁신적인 시선을 본다.

아내와 난 그의 숨결이 느껴지는 계단을 힘겹게 올라 돔 정상에 도달했다. 사방이 탁 트인 붉은 지붕의 피렌체가 파노라마처럼 펼쳐진다. 도시의 맨얼굴은 높은 곳에서 조망할 때 비로소 드러난다. 중세와 르네상스의 모습이 층층이 쌓여있고, 시간의 흔적이 그대로 보존되어 있다. 가까이는 조토의 종탑이 보이고 산 로렌초 성당, 베키오 궁전, 그리고 멀리 보볼리 정원까지 한눈에 들어왔다. 돔 위에 서니 시간이 천천히 흘러가는 듯한 오래된 도시의 느낌이 생생히 살아났다.

돔에서 내려와 성당 내부로 들어갔다. 화려한 외벽과는 대조적으로 규모는 크지만, 눈에 띄는 장식품이 없는 소박한 공간이었다. 다만 돔 안쪽에 바사리(Vasari)의 프레스코화 〈최후의 심판〉이 그려져 있다. 아내는 성당 내부에 화려한 장식이 없어서 성당 본연의 역할에 충실할 수 있어서 마음에 든다고 했다. 두오모는 화려한 외관과 소박한 내부 공간이 극명하게 대비된다. 르네상스 시기 피렌체가 추구했던 세속적 열망과 내면적 가치 사이의 갈등을 상징하는 듯했다.

두오모 바로 옆에는 조토의 종탑이 있다. 이 종탑은 85미터 높이로 하늘로 솟은 직사각형 모양이다. 종탑은 화가 조토가 디자인했고, 흰색, 녹색, 붉은색 대리석 무늬가 기하학적으로 장식됐다.

1층에는 창세기와 인간의 노동이, 2층에는 인간의 일곱 가지 미덕과 학문 등이 조각됐다. 이는 인간의 본질을 노동과 이성으로 본 인문주의적 사고를 표현했다. 조각은 중세 말 르네상스의 선구적 모습을 보여준다.

종탑은 하늘을 향해 수직으로 뻗어 있다. 종탑은 신과 가까워지려는 열망을 상징한다. 그 열망은 종소리가 되어 도시 전역에 울려 퍼졌다. 흥미로운 점은 조토가 원래 디자인한 종탑은 첨탑이었다. 후대에 원형의 돔과의 조화를 고려하여 꼭대기를 직사각형으로 마무리했다. 자신의 존재감보다 주위와 조화를 우선한 결과였다. 그래서 종탑의 직사각형과 돔의 원형이 광장에서 아름답게 공존하고 있다.

종탑은 414개의 계단이 직사각형으로 가파르게 서 있었다. 다른 날 올라가고 싶었지만, 입장권이 통합권이었기 때문에 근처에서 간단히 파니니를 먹고 올라갔다.

종탑 계단 창문마다 전부 철망을 쳐 놔서 사진을 제대로 찍을 수 없었다. 그러나 누군가 철망을 뚫어 놓아서 사진을 찍을 수 있었다. 꼭대기에 오르자, 두오모가 바로 옆에서 아름다운 모습을 드러냈다.

건너편에 팔각형의 산 조반니 세례당이 있다. 이곳은 피렌체에서 가장 오래된 건축물로, 두오모가 지어지는 동안 실질적인 성당 역할을 했다. 단테도 이 성당에서 세례받았을 것으로 추측된다.

팔각형 구조는 부활, 새로운 시작을 의미하며 세례를 통한 재탄생의 의미와 직결된다. 외부의 녹색 하얀색 대리석 문양은 종탑과 두오모의 외벽으로 연결된다. 팔각형 또한 두오모의 팔각형 돔과 대응한다. 이렇듯 세례당은 종탑과 두오모의 건축에 중심적 역할을 했다.

내부로 들어서면, 천장의 화려한 비잔틴 양식 모자이크화가 시선을 압도한다. 금빛 유리 모자이크화는 창세기부터 최후의 심판까지의 과정을 보여준다. 내부는 어둡지만 고요하고 신비스러운 분위기 속에 싸여있다. 시민들은 이 신비스러운 분위기 속에서 세례를 받으며 공동체적 연대 의식을 다졌을 것이다. 이곳에서 세례를 받은 후에야 비로소 피렌체 시민으로 다시 태어날 수 있었다.

외벽에는 기베르티가 조각한 북문과 동문이 있다. 북문은 1401년 '이삭의 희생'을 주제로 한 공모전에서 브루넬레스키를 제치고 우승한 뒤 제작했다. 두 사람의 경쟁작은 지금도 바르젤로 박물관에 나란히 전시되어 있다.

아내에게 물었다. "어떤 것이 나은 것 같아?" "나는 브루넬레스키의 작품이 훨씬 역동적이고 긴박한 순간을 잘 표현해서 더 좋은 것 같은데." 아내는 대답했다. "난 기베르티의 작품이 더 좋아. 브루넬레스키 작품은 역동적이긴 하지만 주제의 초점이 잘 안 잡혀 있고 전체적으로 힘이 너무 들어간 것 같아. 그에 비해 기베르티는 잘 정돈되어 있고 주제의 초점이 잘 살아 있어."

두 작품 모두 '이삭의 희생'을 나름대로 잘 표현해서 우열을 가릴 수 없고 다만 보는 사람 취향의 문제인 것 같았다.

북문은 기베르티가 예수의 생애를 담은 28개의 장면을 동일한 나뭇잎 문양 속에 조각했다. 그는 22년에 걸쳐 북문을 제작하며 20대와 30대의 청춘을 쏟아부었다.

북문을 완성하자마자 곧바로 동문을 제작한다. 동문은 구약에 등
장하는 10개의 장면으로 이루어졌다. 북문이 패널 하나에 한 가지
의 에피소드를 표현한 데 반하여 동문은 하나의 패널에 여러 가지
에피소드를 담았다.

동문을 제작하는 데 다시 27년을 보냈다. 40대와 50대 대부분을 청
동 문 제작에 보냈다. 인생의 대부분을 청동 문 제작에 바친 셈이다.

그는 평생 한 우물을 파는 장인 정신과 끈기로 매일 한 걸음씩 천천히 조각해 갔다. 경이로운 지속성을 한 인간으로서 존경하지 않을 수 없었다. 세례당의 북문과 동문은 기베르티의 '끈질긴 성찰'의 시선을 보여준다.

브루넬레스키와 기베르티는 라이벌로 동시대를 살았지만, 르네상스라는 같은 목표를 향해 나아간 두 개의 기둥이었다. 한 사람은 과거를 새롭게 해석하여 현재를 재구성하는 과감한 혁신의 아이콘이었다. 다른 한 사람은 평생 한 우물을 파며 깊이를 더해가는 끈기와 장인 정신의 아이콘이었다. 안과 밖, 빛과 그림자처럼 서로를 보완하는 쌍둥이였다.

두오모 광장에 머물다 저녁이 되자, 가장 피렌체다운 맛을 보고 싶었다.

아내와 함께 산타 트리니타 다리 근처에 있는 일 라티니(Il Latini)로 갔다. 레스토랑에 들어가면 제일 먼저 천장에 주렁주렁 매달린 햄이 눈에 띈다. 벽에 오래된 포스터와 장식품이 걸려 있어 고풍스러운 선술집 모습이다. 비스테카 피오렌티나는 피렌체를 상징하는 소울푸드이다. 참나무 숯불에 구워 올리브유와 소금만을 뿌려서 완성하는 야성미를 물씬 풍기는 요리이다. 피렌체의 자존심으로 고기는 굽기를 선택할 수 없고 오직 레어로만 서빙된다. T자 모양의 뼈를 사이에 두고 안심과 등심이 함께 붙어있다. 덕분에 담백한 안심과 기름지고 고소한 등심의 맛을 동시에 즐길 수 있다.

일 라티니는 비스테카 피오렌티나를 전문으로 하는데, 최소 1.6kg 단위로 주문할 수 있었다. 둘이 먹기에 너무나 많은 양이라 잠시 주춤했지만 호기 있게 주문했다. 드디어 고기가 나왔다. 겉은 약간 타서 바삭하고 속은 선홍색 살빛으로 부드러웠다.

당혹스러운 것은 뼈에 붙어있는 생고기를 먹을 때였다. 입가에 붉은 육즙을 묻히며 먹게 됐다. "뼈에 붙어있는 생고기를 이렇게까지 먹는 게 맞는 걸까?" 하는 난처한 생각이 들었다.

커다란 고기를 둘이서 다 먹기에는 역부족이었다. 결국 남은 고기를 포장해달라고 했다. 나중에 집에서 등심과 안심을 듬뿍 넣은 '비스테카 피오렌티나 김치찌개'를 끓여 먹었다.

우피치 미술관

르네상스를 보는 아름다운 창문

우피치 미술관은 베키오 다리 근처 아르노강 옆에 있다. 메디치 가문의 집무실로 쓰이다가 1769년 대중에게 미술관으로 개방되었다. 이곳은 르네상스 회화의 보고이다. 신 중심에서 인간 중심으로 시선을 돌린 예술가들의 다채로운 관점을 볼 수 있다.

여러 번 방문했지만, 이번에는 가이드 투어를 통해 더욱 깊이 있는 해설을 듣기로 했다. 입구에는 단테, 다빈치, 미켈란젤로 등 피렌체를 대표하는 인물들의 조각상이 즐비했다. 단체 관람객이라 비교적 빠르게 입장할 수 있었다.

3층부터 관람을 시작했다. 처음 들어선 방에는 치마부에, 두초, 조토의 제단화가 나란히 걸려 있었다. 세 거장의 제단화는 비잔틴 양식에서 르네상스로 넘어가는 변화를 한눈에 볼 수 있었다.

치마부에의 〈산타 트리니타의 제단화〉는 성모 마리아가 예수를 안고 있고 그 주위를 여덟 명의 천사가 둘러싸고 있다. 천사들의 얼굴이 다 똑같은 것이 신기했다. 아내는 인간과 다른 존재인 천사의 얼굴이라서 그렇다고 너무 신경 쓰지 말라고 한다.

치마부에가 표현한 성모자는 비잔틴 미술에서 표현한 전형적인 아이콘과 차이가 있었다. 비잔틴 미술은 마리아와 예수를 실제 인간이 아닌 신적인 존재로 표현했다. 실제 인간과 닮았느냐의 문제는 전혀 중요하지 않았다. 오히려 실제 인간의 모습과 닮지 않은 천상적 존재이어야 했다.

성모자상은 어느 정도 실제 인간의 모습과 닮았다. 주변 천사들의 얼굴은 정형화되어 중세 전통을 따랐지만, 하단 네 명의 예언자는 개성적 인간의 얼굴을 하고 있다. 이 제단화는 비잔틴 미술에서 르네상스로 넘어가는 선구적인 작품이다. 그림은 좌우대칭으로 그려져 질서 있게 정돈된 느낌을 준다. 모든 인물은 제한적이긴 하지만 사실적으로 그려져 있다.

건너편에는 두초의 〈루첼라이 마돈나〉가 걸려 있다.

마리아가 화려한 금술로 장식된 진청색 의상을 입고 예수를 안고 있다. 옥좌는 화려하게 장식된 천으로 덮여 있고, 비스듬히 돌려서 입체감을 주었다. 주위를 여섯 명의 같은 크기의 천사가 둘러싸고 있다. 천사는 역시 똑같은 얼굴이고 앉아 있는 자세도 비슷하다. 그림의 테두리에는 서른 명의 성인의 얼굴이 조그마한 원 안에 그려져 있다.

그림은 화려한 색감과 정교한 장식이 자연스레 느껴졌다. 성모의 자세는 부드럽고 표정은 온화하게 느껴진다. 비잔틴 미술의 정형화된 성모자상과는 약간 다르다. 인간의 모습이 느껴진다. 천사들의 얼굴과 자세도 세련미가 넘친다. 서정적인 아름다움을 가지고 있어서 마음에 오래 남는다.

조토의 제단화 〈오니산티 마돈나〉는 치마부에와 두초의 그림과 확실히 느낌이 달랐다. 진청색 겉옷 안에 흰색의 얇은 옷을 입고 예수를 안고 있다. 섬세하게 장식한 의자는 정면을 바라보고 있지만 의자의 뒤와 옆에 빈 공간이 있어 입체적으로 느껴진다.

가장 큰 특징은 마리아가 사실적으로 그려져 있다는 점이다. 흰 옷 사이로 봉긋 솟아있는 양 가슴과 발그스레한 양 볼은 실제의 인간 모습과 비슷하다. 그때까지 엄격하게 인간과 분리된 신의 모습을 한 마리아를 인간적인 따뜻한 모습으로 그렸다. 평면적인 모습이 아니라 입체감을 지닌 모습으로 다가온다. 주위는 일률적인 천사의 모습이 아니라 개성적인 성인들의 모습을 포개놓았다. 조토는 평면을 넘어 입체감을 지닌 구체적이고 따뜻한 인간의 모습을 표현했다. 그 시선은 이후 르네상스 회화의 방향을 결정지었다.

　필리포 리피의 〈성모자와 두 천사〉가 있는 방으로 이동했다. 리피 특유의 우아함과 부드러운 색감이 매우 인상적이었다.

　그림은 마리아를 자기 아내 루크레치아 부티를 모델로 하고 어린 예수는 자기 아들을 모델로 했다. 일종의 가족사진인 셈이다.

그림은 고요하고 평화스러운 분위기에 싸여있다. 인물들은 매우 자연스럽게 그려져 있다. 마리아는 우아하고 평온한 얼굴로 예수를 향해 기도하고 있다. 얼굴 표정은 청순한 젊은 처녀의 얼굴이다. 그녀의 머리에는 정교하게 그려진 투명한 베일이 겹쳐있고, 진주 장식이 이마에 있다. 당시 피렌체에서 유행하던 의상과 장신구 스타일이다. 마리아를 현재의 인물로 그리고 싶어서였을까? 예수의 모습도 주위에서 볼 수 있는 건강한 아이의 모습이다.

그림을 보고 있으면 마음이 편안해진다. 극적인 감동과는 거리가 있지만 리피만의 어법으로 부드럽고 자연스럽게 말한다. 때로는 그런 그림이 더 마음속에 오래 남는다.

피에로 델라 프란체스카의 〈우르비노 공작 부부의 초상〉 앞에 섰다. 두 사람은 부부이다. 여인은 스물일곱 살의 나이로 아이를 낳다가 죽었다. 남자는 용병 출신으로 우르비노의 공작이 된 입지전적 인물이다.

아내의 그림은 당시 귀족들의 의상과 장신구를 알 수 있다. 하얀 얼굴, 넓은 이마, 섬세한 머리 장식 등이 사실적이며 정교하게 표현되어 있다. 얼굴이 창백할 정도로 하얀 것은 그녀가 이미 죽은 사람임을 암시한다.

공작의 모습은 빨간색의 모자와 의상으로 강렬하게 그려져 부인과 대비를 이룬다. 매서운 눈매, 굳게 다문 입술, 얼굴의 점까지 생생하게 묘사되어 있다. 한마디로 카리스마 넘치는 모습이다.

액자의 칸막이가 죽은 아내와 살아있는 남편을 가로막고 있다. 그림에서나마 서로 쳐다보고 있는 모습이 애틋하다.

공작 부부의 초상은 사실적이고 정교하게 묘사해서 마치 사진을 보는 것 같다.

드디어 보티첼리의 방으로 갔다. 아내는 우피치 미술관에서 보티첼리의 그림이 제일 마음에 든다고 연신 사진을 찍는다. 관람객들로 가득 찬 방은 발 디딜 틈이 없다. 인기 있는 그림 중 하나인 〈프리마베라〉(Primavera 봄)로 인파를 뚫고 다가갔다. 그림은 오른쪽에서 왼쪽으로 읽어야 한다. 맨 오른쪽에는 서풍의 신 제피루스가 입안에 바람을 잔뜩 채우고 있다. 그는 봄을 몰고 오는 3월에 부는 서풍을 상징한다. 그가 껴안고 있는 투명한 베일을 입고 있는 여자는 클로리스로 요정 님프이다. 제피루스가 그녀를 납치하여 결혼한 뒤 클로리스는 꽃의 여신 플로라로 변신한다. 클로리스의 입에서 꽃과 나뭇가지가 나와서 플로라에게 연결된다. 플로라는 봄을 몰고 오는 꽃의 여신이다. 그녀는 꽃무늬 원피스에 화환을 두르고 치마 위에 있는 꽃송이를 뿌린다.

중앙의 비너스가 이 상황을 전부 주관한다. 비너스는 봄과 사랑의 여신이다. 왼편에는 세 명의 여신이 손을 맞잡고 춤을 추고 있는데 그라치에이다. 여신은 우아함과 사랑을 상징한다. 배경으로 오렌지 나무숲이 있고 바닥이 꽃밭으로 묘사되어 있다. 꽃밭에 그린 꽃은 실제 피렌체에서 봄에 피는 꽃으로 최소 138종이 확인됐다고 한다.

〈프리마베라〉는 생명이 약동하는 봄의 이미지를 그렸다. 그리스 로마 신화를 소재로 봄에 관한 스토리텔링을 그림으로 옮긴 것이다. 눈길을 끄는 것은 세 여신의 모습이다. 투명한 베일을 입고 우아하고 아름답게 춤을 추는 세 여신을 보고 있으면 음악이 들린다. 에릭 사티의 짐노페디(Gymnopédies)이다. 음악은 신비스럽고 명상적인 피아노 독주곡이다. 하늘거리는 투명한 베일을 입은 그라치에들이 공중에 떠 있는 것 같다.

보티첼리의 또 하나의 걸작 〈비너스의 탄생〉 역시 항상 인파 속에 묻혀있다. 이 그림 역시 〈프리마베라〉와 마찬가지로 그리스 로마 신화를 소재로 그렸다. 비너스는 바다의 거품으로부터 태어났다고 한다.

비너스는 바람에 떠밀려 해안가로 도착했다. 큰 조개 위에 서 있는 비너스는 머리를 오른쪽으로 약간 기울이고 금발로 몸을 가린다.

　왼쪽에 그려진 서풍의 신 제피루스와 미풍의 신 아우라가 힘껏 바람을 불고 있다. 그림 전체에 꽃송이가 날리고 잔잔한 물결이 일고 비너스의 머리카락도 오른쪽으로 날리고 있다. 그들의 바람에 의해 비너스가 해안가로 밀려왔다.

　오른쪽에는 봄의 신 호라이가 꽃무늬로 수놓은 붉은 망토를 들고 달려와 막 도착한 비너스의 몸을 덮어 주려고 한다. 제피루스와 아우라의 바람과 호라이의 우아한 움직임으로 비너스의 탄생을 역동적으로 표현했다. 비너스 탄생의 시기를 봄으로 묘사했다.

　〈비너스의 탄생〉은 르네상스 회화 최초의 누드화라고 한다. 누드화지만 관능적이지 않고 우아하고 아름답다. 보티첼리가 생각한 사랑과 아름다움의 이상적인 모습을, 비너스를 통해서 표현했다. 계절로 이야기한다면 생명이 약동하는 봄이다. 이 점에서 〈프리마베라〉와 〈비너스의 탄생〉은 쌍둥이 같은 작품이다.

　작품들은 고전적 인간미와 이상적인 아름다움을 새롭게 부활시킨 르네상스 정신의 정수이다.

　이어지는 방에서 레오나르도 다빈치, 미켈란젤로, 라파엘로의 그림을 연이어 볼 수 있다는 것은 대단한 행운이자 눈의 호사이다.

　먼저 레오나르도 다빈치의 〈수태고지〉부터 시작된다. 다빈치가

20대 초반에 그린 그림으로 세상에 나가기 전 패기에 찬 젊은이의 모습이 느껴진다.

왼쪽에는 천사 가브리엘의 모습이 그려져 있다. 날개의 모습이 매우 날렵해 보이는데 다빈치는 새의 날갯짓에 관심이 많아 많은 관찰과 연구를 했다.

마리아는 앳된 소녀의 모습으로 그려져 있다. 오른손은 가브리엘의 날갯짓으로 생긴 바람 때문에 날리는 성경을 붙잡고 있다. 왼손은 하느님 뜻에 순종한다는 제스처로 손바닥을 들고 있다.

[사진 11] 레오나르도 다빈치, 〈수태고지〉
Public Domain, via Wikimedia Commons

　라 돌체 비타 : 피렌체, 토스카나

다른 화가들이 그린 수태고지와 달리 마리아는 두려워하거나 수줍어하지 않는다. 당당하고 총명한 모습이다.

다빈치는 그림의 모든 구성을 정교하게 수학적으로 황금비율을 계산해서 그렸다. 그래서인지 그림은 질서정연하게 정돈된 느낌을 준다.

다음 방에는 미켈란젤로와 라파엘로의 그림이 있다. 먼저 미켈란젤로의 〈성가족〉이 원형의 액자 속에 둥그렇게 보인다. 이 그림은 시스티나 성당의 벽화를 빼면 남아있는 유일한 유화 작품이다.

요셉이 뒤에서 예수를 건네주고 마리아가 몸을 틀어 예수를 건네받고 있는 역동적인 자세로 묘사했다. 벽으로 가로막힌 뒤에는 어린 요한이 하늘을 쳐다보고 근육질의 젊은 남자들이 누드로 그려져 있다. 중앙의 마리아는 단호한 표정과 근육질의 강인한 모습이다. 몸을 뒤로 뒤틀면서 왼쪽 팔의 근육이 두드러지게 보인다.

[사진 12] 미켈란젤로, 〈성가족〉
Public Domain, via Wikimedia Commons

세 사람 몸의 움직임이 역동적으로 하나로 연결되게 보인다. 몸의 움직임은 고스란히 옷의 주름으로 표현된다. 빛의 방향을 인물들의 왼쪽에서 오른쪽으로 강하게 설정해서 입체감이 더욱 강조된다. 윤곽선을 날카롭게 그려서 조각상처럼 느껴진다. 화사한 의상 색깔의 대비로 입체감은 더욱 도드라진다. 배경은 중앙을 가로지르는 벽으로 막혀 있고 근육질 누드의 젊은 남자들의 윤곽을 상대적으로 흐리게 표현했다. 원형 액자 또한 미켈란젤로가 직접 디자인했다. 액자도 그림의 한 구성 요소로 생각한 것이다.

〈성가족〉은 그림보다 화려한 색채를 입힌 조각상 느낌이 난다.

건너편에 라파엘로의 〈검은 방울새의 성모〉가 있다. 그림의 첫인상은 시원한 푸른색이 눈에 들어왔다. 오래전 그림이 17개 조각으로 부서졌는데 복원 전 그림은 빛바랜 색깔로 인해 무척 낡아 보였다. 복원 후 모습은 마치 요즘 시대 그려진 선명한 색깔의 그림처럼 보였다. 라파엘로가 만약 복원한 그림을 보면 무슨 말을 할까 궁금해졌다. 미술에서 복원의 문제는 여전히 어려운 문제라고 생각됐다.

성모는 왼손에 책을 들고 있고 오른손으로 요한을 감싸고 있다. 어린 예수와 요한은 검은 방울새를 쓰다듬고 있다.

바닥은 군데군데 꽃이 피어있고, 이끼가 쌓여 푸른색으로 덮여 있다. 배경은 푸른 하늘과 구름 아래 개울이 흐르고 나무와 멀리 시골이 보이는 목가적인 풍경이다.

그림의 전체 분위기는 무척 평화스럽다. 성모의 모습은 우아하고 평온한 모습이고 어린 예수와 요한은 근심 걱정 없는 영락없이 아이의 모습이다.

라파엘로는 성모와 두 아이를 삼각형 구도 안에 배치하여 완벽한
균형과 안정감을 만들었다. 이처럼 고전적 아름다움, 우아한 선,
평온한 분위기는 그가 추구했던 이상적인 아름다움이었다.

2층으로 내려가면 티치아노의 걸작 〈우르비노의 비너스〉가 있
다. 그는 베네치아 출신으로 '회화의 군주'라고 불릴 만큼 당시 이탈
리아 왕족과 귀족들에게 인기가 많았다. 피렌체의 레오나르도 다
빈치, 미켈란젤로, 라파엘로와 동시대 화가로 르네상스의 또 다른

축을 이룬 인물이다.

르네상스 최초의 누드화는 보티첼리의 〈비너스의 탄생〉이다. 〈비너스의 탄생〉이 고전적이고 이상화된 신화 속의 여신이라면 〈우르비노의 비너스〉는 현실 속의 여성이다.

비너스는 침대 위에 관능적인 자세로 누워있다. 팔찌를 낀 오른손에 장미꽃 다발을 들고 왼손으로는 아랫배를 가리는데, 새끼손가락에 반지를 끼고 있다. 헤어밴드를 한 풍성한 금발이 물결치고 귀걸이가 눈에 띈다. 침대 구석에는 개가 웅크리고 있다. 배경은 하녀 두 사람이 드레스를 준비하고 있다. 맨 뒤에는 저녁 어스름의 하늘이 그려져 있다. 16세기 베네치아의 부유한 귀족 가문의 방이다.

그림의 주인공이 비너스인지는 분명하지 않다. 제목을 빼면 평범한 젊은 여성을 그린 그림 같다. 여자는 도발적으로 화면 밖을 응시하고 있다. 보티첼리의 비너스와 달리 관능적 아름다움이 느껴진다. 실제 모델을 그렸다는 생각이 든다. 피부색은 따뜻하고 부드럽게 느껴진다. 티치아노의 색은 풍부하고 우아하다.

우피치 미술관 관람을 마치고 늦은 점심을 먹기 위해 3층에 있는 카페로 갔다. 간단한 샌드위치와 파스타를 먹을 수 있었다. 우피치 미술관은 파리의 루브르 박물관에 비하면 규모가 훨씬 작다. 하지만 루브르 박물관을 갔다 오면 항상 피곤했던 기억밖에 없다. 너무 크고 넓은데 짧은 시간에 무리하게 다 보려고 하다 보니 그랬던 것 같다. 바티칸 박물관도 대략 비슷한 느낌이었다. 이곳은 크기도 적당하고 르네상스 그림에 집중되어 있어 편안했다. 우피치 미술관을 생각하면 선명하고 화려한 색이 기억난다. 중세의 어둡고 신비스러운 색에서 벗어나 르네상스의 밝고 화사한 색으로 가득 찼기 때문일까?

3

베키오 궁전 시뇨리아 광장 베키오 다리

공화정과 메디치가의 충돌

두오모에서 칼자이오울리 거리를 따라서 아르노강 쪽으로 걸어가면 베키오 궁전이 모습을 드러낸다. 궁전 앞에 펼쳐진 넓은 광장이 바로 시뇨리아 광장이다.

이곳은 르네상스 피렌체 권력의 심장부이다. 공화정의 이상과 메디치 가문의 전제 권력이 정면으로 충돌하고 도시의 운명을 바꾼 장소이기도 하다. 아르놀포 탑에서 종이 울리면 시민과 귀족들이 무장을 하고 광장에 모여 사생결단의 무력시위를 했다. 결국 피렌체 공화정의 이상이 메디치 권력에 의해서 좌절됐던 공간이다. 그래서 베키오 궁전과 시뇨리아 광장은 단순한 관광지가 아니라 피렌체 역사의 가장 중요한 순간들을 고스란히 기억하고 있는 장소이다.

다비드 조각상이 서 있는 입구에서 베키오 궁전으로 들어가면 먼저 바사리의 중정이 나온다. 궁전의 소박하면서도 강건한 외관을 통과하자마자 처음 보이는 중정은 프레스코화와 화려한 기둥 장식으로 뒤덮여 있다. 공화정의 강직한 이미지와 메디치 가문의 화려한 이미지가 강하게 대비되는 모습을 첫인상부터 보여준다.

중정에서 계단을 통해 2층으로 올라가면 갑자기 커다란 직사각형의 공간이 펼쳐지는데, 이곳이 바로 500인의 홀이다. 피렌체 공화국은 1494년 메디치 가문을 추방했다. 500명의 피렌체 의회 의

원이 모여서 회의를 할 수 있는 넓은 공간이 필요해서 만들었던 공
간이다. 원래는 소박한 공간이었는데 나중에 메디치 가문이 복귀
하고 코시모 1세에 의해 전면적으로 화려하게 장식됐다.

코시모 1세의 전쟁 승리를 찬양하기 위해 왼쪽 벽에는 피사와의
전쟁에서 승리한 장면을, 오른쪽 벽은 시에나와의 전쟁에서 승리
한 장면을 그렸다. 천장에는 나무 패널에 코시모 1세의 업적을 그
린 패널로 채웠다. 특히 천장 가운데에는 코시모 1세가 마치 제우
스처럼 신격화되어서 그려져 있다.

의회 역할을 했던 공적 공간인 500인의 홀이 코시모 1세의 권력을 선전하는 사적인 공간으로 뒤바뀐 것이다.

1503년 피렌체 공화국은 메디치 가문을 축출한 공화국의 정체성과 시민적 자부심을 고양하기 위해 500인의 홀의 양쪽 벽에 레오나르도 다빈치와 미켈란젤로의 대형 벽화를 주문했다. 피렌체에서 역사에 길이 남을 블록버스터급 대결이 이루어진 것이다. 미켈란젤로는 피렌체가 피사를 크게 이긴 카시나 전투를 그릴 예정이었다. 레오나르도 다빈치는 밀라노에 승리했던 앙기아리 전투를 그렸다. 도중에 미켈란젤로가 교황의 부름을 받고 로마로 떠나고 다빈치가 그린 벽화는 유실되어 두 거장의 세기의 대결은 결국 무산됐다. 만약 두 거장이 벽화를 완성했다면 거장들의 위대한 예술 작품을 한 장소에서 봤을 텐데 하는 아쉬움이 남았다.

500인의 홀 왼쪽 끝에, 눈에 띄지 않은 작은 문이 있다. 문을 열고 계단을 올라가면 직사각형의 아주 작은 방이 나타난다. 코시모 1세의 아들 프란체스코 1세의 비밀스러운 공간 스투디올로(Il Studiolo)이다. 공개적인 권력의 공간인 500인의 홀과 대조적으로 폐쇄적인 스투디올로는 권력자의 은밀한 욕망과 고립된 성향을 상징적으로 보여준다.

방의 아랫부분의 22개의 타원형 그림은 여닫을 수 있는 수납장 문이다. 프란체스코 1세가 연금술에 심취하여 연금술에 필요한 광물, 보석 등을 수납하던 공간이다. 이 중 네 개의 문은 비밀통로로 궁전 외부나 내부 다른 방으로 연결되는 문이다. 비밀의 문을 들어가 계단을 올라가면 궁전의 꼭대기 층과 연결된다. 은밀하게 타인을 감시할 수 있는 통로이다.

권력자에겐 항상 비밀스러운 공간이 필요한가 보다. 프란체스코 1세는 이 조그마한 방에서 자기만의 은밀한 기쁨을 즐겼다. 아무도 못 믿었기 때문에 비밀의 방과 비밀의 문이 필요했을 것이다.

500인의 홀 오른쪽에는 메디치가의 첫 번째 교황 레오 10세 구역이 나온다. 이 구역의 첫 번째 방은 국부 코시모의 방이다.

천장 중앙은 귀양 갔던 코시모가 피렌체 시민들의 환영을 받으며 입성하는 모습이 그려져 있다. 아래쪽 그림은 산 로렌초 성당을 배경으로 무릎 꿇은 브루넬레스키와 기베르티가 성당의 모형을 코시모에게 보여주고 있다.

코시모의 방 바로 옆에는 그의 손자 로렌초 일 마니피코의 방이 나온다. 천장 중앙에는 로렌초가 진기한 선물을 가지고 온 여러 나라 사신을 접견하는 모습이 그려져 있다. 로렌초의 모습을 피렌체의 군주로 묘사했다.

이어지는 방은 교황 레오 10세의 방이다. 교황 레오 10세는 로렌초의 차남으로 메디치 가문 출신의 첫 번째 교황이다. 벽에는 바티칸 산탄젤로성을 배경으로 레오 10세가 추기경들을 뽑는 그림과 교황으로 선출되고 시뇨리아 광장에 입성하는 모습이 그려져 있다. 교황 레오 10세로 인해, 망명했던 메디치 가문이 피렌체에 재입성하고 권력을 되찾을 수 있었다.

레오 10세 구역은 국부 코시모, 로렌초 일 마니피코, 교황 레오 10세로 이어지는 메디치 가문의 대표적 인물들의 업적과 권위를 시각적으로 보여주는 공간이다. 권력과 예술이 결합하여 권력의 정당성을 확보하고 영속성을 추구했다.

2층으로 올라가면 새턴의 테라스가 나온다. 계속되는 실내 공간에서 시원하게 탁 트인 테라스가 나타났다. 피렌체 남동쪽의 전망이 보기 좋게 펼쳐진다. 미켈란젤로 광장과 벨베데레 요새가 보인다. 멀리 산타 크로체 성당도 눈앞에 보인다.

새턴의 테라스를 지나서 걷다 보면 단테의 데스마스크가 나온다. 단테의 실제 얼굴을 본떠서 만든 데스마스크라고 한다. 피렌체는 예전엔 단테를 버렸지만, 지금은 조그마한 흔적이라도 붙잡으려고 애쓰는 모습이다. 오랜 시간 전 단테의 실제 얼굴을 지금 볼 수 있는 것이 놀라웠다.

단테의 데스마스크를 지나면 프리오리 예배당이 나온다. 프리오리는 베키오 궁전 이전 시뇨리아 궁전 시절 피렌체를 다스리던 아홉 명의 최고 위원들을 말한다. 이곳에서 프리오리들은 공정하고 정의로운 업무 수행을 위해 하느님께 기도했다. 산 마르코 수도원 원장 사보나롤라는 메디치 가문의 전제정치를 비판하고 공화정으로 개혁하려고 했다. 프리오리 예배당은 그가 이단으로 몰려 사형 판결을 받고 죽기 직전 마지막 기도를 올렸던 곳이다. 그래서인지 베키오 궁전에서 가장 인상적인 공간으로 기억에 남는다.

[사진 17] 〈다비드〉와 〈헤라클레스와 카쿠스〉

프리오리 예배당을 마지막으로 베키오 궁전을 나왔다. 궁전 정문에는 피렌체 역사를 상징적으로 보여주는 두 개의 조각상이 서 있다. 왼쪽에는 미켈란젤로가 만든 〈다비드〉가 서 있고 오른쪽에는 반디넬리의 〈헤라클레스와 카쿠스〉가 있다. 다비드는 피렌체 공화국의 자유와 독립의 상징이다. 헤라클레스는 메디치가를 상징하고 카쿠스는 피렌체 공화국을 상징한다. 메디치가의 권력과 위엄을 과시하기 위한 조각상이다.

두 개의 상반된 맥락을 가진 조각상들이 같은 장소에 있는 것이 아이러니하게 느껴졌다.

궁전 앞에 넓은 시뇨리아 광장이 있다. 베키오 궁전이 권력의 향방에 따라 이름이 바뀌었지만 시뇨리아 광장은 원래의 이름을 지금까지 유지하고 있다.

광장은 피렌체 권력 투쟁의 정치적 중심지이다. 정치적 격변기에 궁전에서 종이 울리면 각 정파를 지지하는 귀족과 시민들이 무장해서 집결하여 무력시위를 하는 광장이다.

광장 한쪽에 조각상들이 전시된 로지아 데이 란치가 있다. 원래 명칭은 로지아 델라 시뇨리아로 시뇨리아 의회가 중요한 일이 있을 때 시민들과 만나는 장소였다. 메디치 1세는 이곳을 조각품들로 가득 채우고 메디치가의 세리머니 공간으로 바꾸었다. 광장 맞은편에는 잠볼로냐의 메디치 1세의 청동 기마상이 서 있고 암만나티의 넵튠 분수가 자리 잡고 있다. 모두 메디치 권력의 위엄을 과시하는 조각품이다. 시뇨리아 광장 전체는 피렌체 공화국의 종말과 메디치 군주제의 확립을 선전하는 거대한 옥외 미술관으로 변모했다.

늦은 오후 황혼이 시작할 무렵 시뇨리아 광장은 아주 낭만적인 곳으로 변한다. 세계에서 온 젊은이들이 곳곳에 자리 잡고 있고 로지아 데이 란치는 버스킹 장소로 변한다. 항상 아마추어 음악가들의 음악이 울려 퍼진다. 어느 날 황혼 무렵 로지아 데이 란치에 앉아서 젊은 연주자가 클래식 기타를 연주하고 있었다. 관광객들은 주위에 가득 찼고 어떤 이는 기타 박스에 동전을 넣었다. 연주하고 있는 음악은 모두 아는 친근한 멜로디였다. 영화 〈금지된 장난〉의 주제가 로망스였다. 지금도 로망스를 들으면 시뇨리아 광장의 황혼 무렵이 떠오른다.

　광장에서 우피치 미술관을 거쳐 아르노 강변에 가변 베키오 다리가 나온다. 두오모와 함께 피렌체를 상징하는 다리이다. 베키오 다리는 오래된 다리라는 뜻이다. 베키오 다리에서 단테와 베아트리체가 처음 만났다는 낭만적 이야기가 전해지는 다리이다.

　베키오 다리는 로마 시대에 돌로 만들어졌다고 한다. 그 후 아르노강 범람으로 무너졌다가 세워지기를 반복했다고 한다. 2차 세계대전 당시 독일군이 퇴각하면서 아르노강의 다른 모든 다리는 폭파했지만, 베키오 다리만 무사했다. 다리는 원래 푸줏간으로 가득 차 있었는데 페르디난도 1세가 냄새가 고약하다고 모두 철거시켰다. 그리고 보석 세공업만 입점시켰다. 지금도 다리 양쪽에는 보석 가게들이 즐비하다.

황혼의 베키오 다리는 무척 아름답다. 황혼 무렵이면 아래쪽 산타 트리니타 다리에 카메라를 든 사람들로 분주하다. 베키오 다리 난간에도 셀카를 찍는 연인들이 가득하다.

저녁때가 되어 가까운 스키아치아타 가게로 가기로 했다. 스키아치아타는 피렌체 거리의 음식으로 서민들이 가볍게 한 끼를 해결하기 위한 음식이다. 굵은소금과 올리브유를 뿌려 구운 커다란 빵 사이에 토스카나산 햄과 야채가 가득 들어가 있다. 지난번 시뇨리아 광장 근처에 있던 알안티코 비나이오(All'Antico Vinaio)라는 가게가 떠올랐다. 거리에 같은 이름의 가게가 무려 세 개가 붙어 있었다. 사람들은 줄지어 기다리고 있었고 거리는 종이에 싼 스키아치아타를 먹는 사람들로 가득 차 있었다. 그중 한 가게로 들어갔다.

눈길을 끄는 것은 메뉴 이름이 특이하고 재미있었다. 단테와 베아트리체를 비롯하여 지옥, 연옥, 천국 등이 있었다. 아내는 웃으면서 "피렌체는 메뉴 이름도 인문학적이네."라고 말했다.

스키아치아타를 종이로 싸서 들고 가까운 아르노 강변 둑으로 갔다. 신기하게 빵은 겉은 바싹했으나 속은 쫄깃쫄깃하고 부드러웠다. 딱딱할 거라고 예상했는데 전혀 그렇지 않았다. 빵 사이의 내용물도 신선하고 풍성했다.

베키오 다리 뒤로 석양이 물들고, 우리는 아르노강을 보면서 스키아치아타의 맛을 천천히 음미했다.

산 로렌초 성당 메디치 예배당 메디치 궁전

메디치 권력의 인프라

산타 마리아 노벨라 역에서 출발해서 20분 정도 걸어가면 산 로렌초 성당이 나타난다. 이 지역은 다른 곳에 비해 젊은이들이 많이 눈에 띈다. 작은 카페와 옷 가게, 레스토랑들이 차 없는 거리에 모여 있으며, 가까운 곳에 중앙시장이 있어서 더욱 활기찬 분위기를 자아낸다. 이곳은 메디치 가문과 떼려야 뗄 수 없는 지역이다. 가문이 후원한 산 로렌초 성당, 메디치 예배당, 메디치 리카르디 궁전이 한 구역에 밀집해 있다. 메디치 권력의 출발선이 되는 복합 공간이다.

산 로렌초 성당 앞에 섰다. 전면부는 미완성 상태로, 거친 돌을 임시로 쌓아 올린 듯 소박한 모습이다.

성당은 원래 피렌체의 두오모였는데 1419년 메디치가의 조반니 메디치가 브루넬레스키에게 성당의 구 성구실 재건축을 의뢰했다. 조반니 메디치는 고리대금업과 부동산투자에서 막대한 부를 축적하고 메디치 은행을 설립했다. 그는 신중한 성격으로 정치에서 한 걸음 떨어져 있었고, 다른 귀족 출신 부호와 달리 피렌체 시민의 공화정을 지지했다. 그는 메디치 가문의 새로운 도약의 발판을 마련했다.

산 로렌초 성당은 르네상스 건축의 이정표라고 여겨진다. 내부로 들어서니 회색과 흰색의 두 가지 빛깔로 만들어진, 정갈하고 밝은 공간이었다. 천장은 꽃무늬와 군데군데 있는 메디치가 문장이 격자무늬로, 규칙적으로 배열되어 있었다. 바닥은 회색과 흰색의 사각형 무늬가 펼쳐져 있다. 이 모든 것이 규칙적인 수학적 질서에 의해서 통일감을 준다.

고딕 성당이 신비와 혼돈, 감성이 지배하는 어두운 공간이라면 르네상스 양식 성당은 합리성과 질서, 이성이 지배하는 밝은 공간이다.

제단 맨 왼쪽 끝에 구 성구실이 자리한다. 성구실이란 제의실이라고도 하는데 성당의 제사 도구나 의상을 보관하기 위한 방이다. 브루넬레스키가 설계한 구 성구실은 르네상스 건축의 전형적인 모습을 보여준다. 기하학적 문양이 질서 있게 배열된 모습이다.

장식은 메디치가와 인연이 깊었던 도나텔로가 맡았다. 천장에는 푸른색 돔이 있고, 주위에 네 개의 조가비가 그려져 있는데, 이는 기독교의 순례, 부활을 상징한다.

방 중앙에는 커다란 석관이 있다. 석관의 주인공은 구 성구실의 건축을 의뢰한 조반니 메디치와 그의 부인 피카르다 보에리이다. 또한 지하 성당의 중앙에는 조반니의 아들 국부 코시모의 묘가 있다. 공적 종교적 공간인 성당이 후원을 통해 메디치가의 사적인 지배 공간 및 영묘로 변모했음을 보여준다.

성당 앞쪽에는 도나텔로가 말년에 완성한 걸작, 청동 부조 설교단 두 개가 서로 마주 보고 있다. 그는 설교단을 두 가지 주제로 구성했는데 그리스도의 수난과 부활이다. 이는 작가가 말년에 추구했던 인간의 구원에 관한 마지막 염원이자, 예술가로서 남긴 최후의 유언과도 같은 의미를 지닌다.

〈수난의 설교단〉은 고통스럽고 극적인 감정을 표현하기 위해, 깊은 부조와 얕은 부조를 적극적으로 사용하고 인물들의 움직임을 극대화했다. 〈부활의 설교단〉은 부조의 깊이가 얕아지면서 인물들이 위로 떠오르는 듯이 보인다. 인물들의 동작도 가볍게 표현되어 밝고 개방감이 느껴진다. 두 개의 설교단은 '어둠에서 빛으로'라는 예술적 서사를 조각 기법의 대비를 통해 유기적으로 표현했다.

　도나텔로의 작품은 초기의 안정성과 균형에서 벗어나 보다 극적이고 강렬한 감정 표현을 담고 있다. 도나텔로의 작품을 보면서 앞뒤가 바뀐 것 같은 느낌을 받았다. 일반적으로 예술가들의 말년 작품이 안정과 조화를 추구하는 것과 달리, 그는 끝까지 열정적으로 르네상스 조각의 정점을 보여주었다. 70대 거장이 마지막 혼신의 힘을 다한 작품들 앞에 서니 마음이 경건해졌다.

성당 옆 회랑 2층에는 라우렌치아 도서관이 있다.

미켈란젤로가 디자인한 도서관은 입구 계단부터 독특했다. 회색 빛 사암(피에트라 세레나)으로 된 중앙 계단은 위로 갈수록 좁아지는 원형 곡선이고 양쪽 계단은 평범한 보통의 직선 계단이다. 도서관 입구 계단은 어둡고 열람실은 밝아서 '암흑에서 빛으로' 무지의 공간에서 진리의 공간으로 들어가는 길을 상징한다.

열람실 내부로 들어가면 밝은 공간이 나온다. 천장은 나무 조각으로 덮은 평평한 공간이 나오고 바닥은 붉은색 바탕에 흰색 무늬로 장식된 테라코타 바닥이 있다. 옆으로는 짙은 갈색의 나무로 만든 장서 보관대가 줄지어 있다. 열람실 공간은 창을 많이 만든 공간이어서 그런지 무척 밝은 공간이었다.

장서 보관대에 몇 권의 아름답게 제본된 책이 전시되어 있었다. 옆에 있는 그림으로 보아 성경의 한 구절인 것 같았다. 책을 이렇게 정성스럽게 만들었을 때 읽는 사람도 얼마나 정성을 다해서 읽었을까? 책이 홍수처럼 찍어서 나오는 지금에 비하면 그때는 모든 것이 소중했고 귀했을 것이다.

도서관을 나와서 성당과 맞닿아 있는 메디치 예배당으로 향했다. 이곳은 왕자의 예배당과 미켈란젤로가 디자인한 신 성구실로 이루어진다. 코시모 1세의 구상으로 지어진 왕자의 예배당은 메디치가 대공들의 묘가 벽면마다 안치되어 있다. 이곳은 피렌체에서 특이하게 내부를 바로크 양식의 화려한 공간으로 꾸몄다. 다양한 색깔의 대리석이나 보석으로 문양을 상감해서 유럽 왕가의 영묘처럼 느껴진다. 자신들을 피렌체 시민이 아니라 군주로 생각했음을 보여준다.

좁은 통로로 연결된 신 성구실은 르네상스 양식의 예배당이다. 산 로렌초 성당의 구 성구실하고 비슷해 보이지만 훨씬 간결하고 깔끔해 보인다. 천장은 큰 원형 돔이 있고 네 개의 창문이 있다. 로마의 판테온 천장처럼 파여 있고 가운데 구멍이 뚫려있다. 장식적 요소 없이 기하학적 문양이 배열되어 있어 정갈한 느낌을 준다. 벽 또한 흰색 바탕에 회색빛 사암의 기둥과 아치를 배열했다. 바닥 역시 규칙적인 스페이드 모양의 회색과 흰색 문양을 검은색 띠가 두꺼운 직선으로 가로지르고 있다.

제대를 바라보고 왼쪽에 미켈란젤로가 제작한 〈우르비노 공작 로렌초의 영묘〉가 있다.

석관 위 벽 중앙에 로렌초가 있는데 로마 군인의 복장을 하고 있다. 그는 왼손을 턱에 괴고 있는데 로댕의 생각하는 사람을 떠올리게 하는 포즈이다. 로렌초의 성격을 관조적이고 명상적으로 표현했다. 석관 위에 누드의 남녀가 뒤틀린 자세로 누워 있다. 남자는 황혼 여자는 새벽을 의미한다. 황혼의 남자 얼굴이 미켈란젤로를 닮았다.

건너편에는 줄리아노의 영묘가 있다. 지휘봉을 들고 잘생긴 젊은 이로 활달하고 적극적인 삶을 살아가는 인상을 준다. 석관 위에는 역시 누드의 남자 여자의 조각상이 누워 있다. 각각 남자는 낮과 여자는 밤을 의미한다. 근육질 몸매의 남자는 얼굴이 미완성 상태인 것이 특이했다.

로렌초와 줄리아노의 영묘는 신 성구실의 양쪽에 자리 잡고 있어서 전체 공간과 잘 어울렸다. 무엇보다 영묘 구성이 좁은 공간에 시간이라는 컨셉으로 구성되어 조각품들의 선이 자연스럽게 흐른다. 영묘는 인간의 유한한 삶이 무한한 시간의 흐름 속에 있다는 것을 보여준다.

신 성구실은 미켈란젤로의 고뇌에 찬, 인간존재에 대한 깊은 철학적 질문을 담고 있는 공간이다.

예배당을 나와 조금 걷다 보면 메디치 궁전이 나온다. 산 로렌초 성당과 메디치 예배당에서 이어지는 메디치 가문의 중심축이다. 메디치 가문의 영화가 시작된 곳이다. 궁전은 3층인데 생각한 것보다 높고 위압감을 주는, 마치 단단한 요새처럼 느껴졌다.

바사리에 의하면 메디치 궁전의 설계안은 미켈로초와 브루넬레스키의 두 가지 안이 있었다고 한다. 코시모는 미켈로초의 설계가 단순하고 소박하다고 생각해서 그에게 건축을 맡겼다. 브루넬레스키의 설계가 너무 사치스럽고 화려해서 피렌체 시민들의 부러움과 질투의 대상이 되는 것을 우려했기 때문이었다.

궁전은 국부 코시모와 위대한 로렌초 시절 메디치 가문의 공식적인 거주지였고 피렌체의 지식인, 예술가, 정치인들의 집합 장소였다. 메디치가의 인적 네트워크가 활발하게 작동됐던 공간으로 실질적인 피렌체 권력의 중심부였다.

궁전의 2층에는 동방 박사 예배당이 있다. 이곳은 메디치 가문의 가족 예배당 역할을 할 뿐만 아니라 피렌체의 중요한 정치적 회합과 의사결정을 하는 공간이기도 했다. 조그마한 예배당의 삼면 벽에는 고촐리가 완성한 프레스코화 〈동방 박사의 행렬〉이 있다. 한 쪽 면에는 메디치 가문의 중요한 인물이 있고 다른 쪽 면에는 동로 마 제국 황제와 동방 교회의 주교로 추정되는 인물들이 그려져 있 다. 색채는 화려하고 인물들의 표정과 장식, 배경이 디테일하게 묘 사되어 있다.

   라 돌체 비타 : 피렌체, 토스카나

인물들을 보면 검은색 옷을 입고 당나귀를 타고 있는 인물이 국부 코시모이다. 그는 평소에 언행을 무척 조심했다. 남의 눈에 거만하게 띄지 않고 겸손한 모습으로 보여주기 위해 늘 소박한 옷과 나귀를 타고 다녔다고 한다. 코시모 바로 왼쪽 백마를 타고 있는 인물은 아들 피에로이다. 중앙에 화려한 의상을 입고 백마를 타고 있는 인물은 코시모의 손자 로렌초 일 마니피코이다.

가족사진이 없는 시절 이 그림은 가문의 집단적 정체성을 확인하고 피렌체의 지배자로서의 위치를 과시했다.

피렌체에서 동방 박사의 예배라는 주제로 그린 그림들을 많이 봤다. 왜 그럴까 궁금했다. 동방 박사 행렬의 모습을 재현한 종교 행사가 매년 열렸고 주로 시민들의 참가가 많았다고 한다. 메디치가는 동방 박사의 행렬이라는 종교 행사의 대중성에 자신들의 이미지를 투영시켰다. 시민들에게 친숙하고 정통성이 있는 지배자로 인식되고자 했다.

아침부터 숨 가쁘게 산 로렌초 성당, 라우렌치아 도서관, 메디치 예배당, 메디치 리카르디 궁전을 둘러봤다. 이 건물들이 메디치 가문 영화의 출발점이자 커다란 인프라 역할을 했다. 이러한 인프라를 바탕으로 종교적 권력과 세속적 권력을 한꺼번에 장악했다. 메디치 가문과 연관해서 산 로렌초 지역을 총체적으로 이해한다는 것은 바로 메디치 가문 영화의 원형을 체험하는 것이다.

　근처 산 로렌초 시장이라고도 불리는 피렌체 중앙시장으로 발걸음을 옮겼다. 권력의 공간과 대비되는 이곳은 꾸밈없는 서민들의 삶이 살아 숨 쉬는 활기찬 현장이었다. 입구에는 가죽 제품을 파는 노점상들이 줄지어 서 있었고 1층은 야채와 과일, 육류와 생선, 각종 식료품을 팔았다. 우리나라에선 보지 못한 야채와 과일 식료품 등이 눈에 띄었다. 특히 가지는 매우 컸고, 호박꽃도 식용으로 팔았다. 납작 복숭아가 제철인 듯 여기저기 진열돼 있었다.

　장을 다 보고 난 뒤 무거운 짐을 미리 준비해 간 보라색 백화점 장바구니에 넣고 어깨에 멨다. 아마도 피렌체 시장에서 커다란 한국 장바구니를 메고 돌아다닌 관광객은 보기 드물었을 것이다. 빨리 집에 가서 맛있는 저녁을 먹을 생각을 하면서 시장을 즐겁게 나왔다.

5

피티 궁전과 보볼리 정원

지배와 은둔의 거처

베키오 다리에서 남쪽으로 조금 걷다 보면 웅장한 피티 궁전이 나타난다. 거친 석재를 육중하게 쌓아 올린 3층 건물이 위압적으로 서 있다. 그 앞으로 경사진 붉은색 광장이 가로로 넓게 펼쳐져 있다. 광장에는 관광객으로 보이는 젊은이들이 누워서 햇살을 받고 있다.

피티 궁전은 메디치 가문의 지배가 공고해진 후 권력의 새로운 거점이자 은둔의 거처가 됐다. 메디치 가문은 베키오 궁전에서 아르노강 너머 이곳으로 거처를 옮기고 나서 피렌체 시민들과 자신들을 더욱 격리시켰다. 이는 권력이 절대화될수록 자신을 신비화하고 스스로를 대중과 격리하고 싶은 욕망의 표현이었다.

정문을 지나 옆 건물의 입구를 거쳐 2층으로 올라가면 팔라티나 미술관으로 이어진다.

이곳은 우피치 미술관 다음으로 이탈리아에서 가장 중요한 르네상스 및 바로크 회화 컬렉션을 소장하고 있다. 보티첼리, 라파엘로, 티치아노, 루벤스 등 거장들의 작품이 걸려 있다. 작품들이 걸려 있는 방은 바로크 양식으로 화려하게 장식되어 있고, 천장은 아름다운 프레스코화로 덮여있다

이곳이 특별한 이유는 다른 미술관과 달리 전시를 목적으로 한 공간이 아니라 메디치가가 실제로 생활했던 궁정 공간이기 때문이다. 전시가 시대적 맥락이나 주제를 따르지 않고, 방을 꾸미는 장식품 역할을 수행한다. 팔라티나 미술관의 각 방들은 메디치가의 미적 취향과 궁정 생활을 시각적으로 직접 체험할 수 있는 독특한 공간이다.

　팔라티나 미술관의 대표적 전시 공간은 별들의 방이라고 불리는 다섯 개의 연결된 방이다. 사투르노의 방부터 시작하여 제우스의 방, 마르스의 방, 아폴로의 방, 비너스의 방 순서로 이어진다. 각 방의 천장에는 바로크 시대의 거장 피에트로 다 코르토나의 화려한 프레스코화가 그려져 있다. 다섯 개의 천장화의 주제는 장차 통치자가 될 왕자에게 필요한 덕목을 가르치는 '훌륭한 대공이 되는 길'이다.

먼저 사투르노의 방으로 들어갔다. 이 방은 메디치 대공이 실제로 업무를 보는 공간이다.

방에는 라파엘로의 유명한 성모자 그림이 두 개 있다. 첫 번째는 〈의자의 성모〉인데 처음 그림을 봤을 때 성모자처럼 느껴지지 않고 현실의 평범한 모자를 그린 것 같았다.

마리아는 예수를 양손으로 꼭 끌어안고 볼을 예수의 머리 쪽에 댄다. 마치 아기를 빼앗기지 않으려고 끌어안고 있는 엄마의 모습이다. 세상을 향한 시선에서도 아기를 보호하려는 엄마의 심정이 강하게 느껴진다. 라파엘로가 주로 그린 성모자가 편안하고 안정된 느낌을 줬다면 이 그림은 역동적이고 인간적인 느낌을 준다. 현실에서 쉽게 만날 수 있는 모자의 모습이다.

방에는 또 하나의 성모자가 있다. 〈대공의 성모〉인데 그렇게 불리는 이유는 토스카나 대공 페르디난드 3세가 이 그림을 무척 사랑했다고 해서 붙인 이름이다.

이 그림은 전형적인 성모자의 모습, 즉 고요하고 명상적인 분위기를 보여준다. 마리아는 장식 없이 소박한 붉은색 옷과 푸른색 겉옷을 두르고 있고, 예수를 두른 흰 천의 질감이 정교하게 표현됐다.

그림을 보면 신비스러운 푸른 색이 눈에 오래 남는다. 말로 표현할 수 없는 푸른색이다. 어두운 배경에 아기 예수를 안고 성스럽고 우아하게 서 있는 성모의 모습은 신비스럽기 그지없다.

아폴로의 방은 메디치 대공을 알현하기 위해 방문한 귀족들이 기다리던 공간이다. 이 방에는 티치아노의 초상화가 두 점 걸려 있으며, 그중 눈길을 끄는 것은 〈회개하는 막달레나〉이다.

먹구름이 잔뜩 끼어있는 어두운 하늘을 배경으로 막달레나가 누드로 표현돼 있다. 색채 대비로 그녀의 참회와 고뇌를 더욱 부각시킨다. 그녀는 자신의 금발 머리를 양손으로 붙잡아 상체를 가리고 있지만, 오히려 관능미가 돋보인다. 눈은 꿈꾸듯 하늘을 향해있고. 왼쪽 구석에 향유가 든 항아리가 있어 막달레나임을 드러낸다.

티치아노는 그녀를 성녀임에도 불구하고 관능적으로 묘사했다. 이 초상화는 종교적 테두리 안에서 여성의 관능적 에로티시즘을 표현했다. 티치아노는 항상 색으로 말한다. 선이 아니라 색으로 형태를 만들고, 감정을 움직이며, 인간의 내면을 드러낸다.

제우스의 방은 메디치 대공 시절 공청회장으로 쓰였던 공간이다. 이 방에는 라파엘로의 또 하나의 걸작 〈베일을 쓴 여인〉이 걸려있다. 여인은 하얀 베일을 쓰고 있는데 베일은 당시 결혼한 여자만 쓸 수 있다고 한다. 보석으로 만든 머리핀을 왼쪽 머리에 찌르고 있고 목에는 호박색 짧은 목걸이를 걸고 있다. 왼쪽 팔로 인해 풍성하게 보이는 금빛 장식의 흰색 드레스를 입고 있다. 빨간 볼의 건강해 보이는 젊은 여인의 눈은 초롱초롱하다. 어두운 배경에 흰색 톤의 베일과 드레스를 입고 과하지 않은 장신구로 정갈한 이미지를 준다. 그림의 모델은 마르게리타 루티라고 한다. 그녀는 제빵사의 딸이었기 때문에 라 포르나리나라는 별명으로 불렸고, 라파엘로의 연인으로 추정된다. 속설에 의하면 두 사람은 서로 사랑했지만, 결혼에 이르지는 못했다. 라파엘로가 죽자, 마르게리타는 수녀원에 들어갔다는 낭만적인 이야기가 전해진다.

로마의 바르베리니 미술관에는 그녀를 모델로 한 〈라 포르나리아〉가 전시되어 있다. 라파엘로가 그녀에게 애정을 품은 것은 사실인 듯싶다. 그는 말년 비슷한 시기에 〈베일을 쓴 여인〉과 〈라 포르나리아〉를 그렸다. 비슷한 포즈를 취하고 있는 그림 속 여인의 눈길은 화면 밖을 사랑스럽게 쳐다보고 있다.

미술관에서 라파엘로, 티치아노, 루벤스 등의 걸작을 만났다. 그러나 이 작품들은 단순한 예술품이라기보다, 메디치가 권력의 힘과 권위를 과시하는 정치적 장식품에 가까웠다. 특히 별들의 방 천장에 그려져 있는 코르토나의 프레스코화는 메디치가의 왕자에게 '훌륭한 대공이 되는 길'을 교육하는 수단이자, 메디치가 지배의 영속성을 상징하는 거대한 선전물이었다. 방문객은 대공의 업무 공간에서 라파엘로의 성모자를, 대기 공간에서 티치아노의 화려한 초상화를 보면서 메디치가의 압도적인 권력과 부를 실감했을 것이다. 예술은 이곳에서 감상의 대상이 아니라, 권력의 무게를 체험하는 장치였다.

결국 권력으로 예술을 소유하고, 예술을 통해 권력을 영속화하는 명제는 메디치가의 핵심 전략이었다. 팔라티나 미술관은 그 전략이 가장 화려하게 구현된 공간이며, 예술과 권력이 얼마나 긴밀하게 얽혀 있었는지를 보여주는 상징적 장소이다.

미술관을 나와 피티 궁전을 뒤로하고 보볼리 정원으로 갔다. 보볼리 정원은 피티 궁전에 딸린 정원으로 르네상스 스타일로 만든 최초의 정원이다. 아내와 난 정원을 산책하듯 걸었다. 정원은 너무 커서 방향을 잡기 무척 힘들었다. 그래서 마음 내키는 대로 걷기로 했다. 미술관에서 인간이 만든 예술품들을 보고 느낀 감동과는 또 다른 자연의 푸른 녹음을 보고 있으니, 마음이 가벼워졌다.

정원에는 특별히 좋아하는 장소가 있다. 정원 왼쪽으로 쭉 올라가다 보면 민트색 카페 하우스가 나온다. 대공 레오폴드 1세는 커피를 좋아했다고 한다. 그래서 정원을 산책하다가 커피를 마실 수 있는 카페 하우스를 만들었다. 정원에서 피렌체 시내가 제일 잘 보이는 곳이 이곳이다. 푸른 녹음 속에서 붉은색 피렌체의 전경을 바라보면서 하인들이 끓여다 주는 커피는 얼마나 맛있었을까?

마침, 그때 피렌체를 같이 여행하고 있었던 여동생에게 연락이

왔다. 친구랑 보볼리 정원 근처 바르디니 정원에 있다고 했다. 정원 꼭대기에 카페가 있는데 뷰가 너무 좋다고 했다. 여기 오면 꼭 거기서 커피를 마시라고 했다. 나도 여동생에게 말했다. 보볼리 정원에도 카페 하우스가 있는데 뷰가 너무 좋다고 여기 꼭 와보라고 말했다. 카페 하우스 오는 길까지 자세하게 가르쳐줬다. 나중에 여동생에게 물었다. "너 카페 하우스 가 봤니?" 여동생은 말했다. "응 가 봤는데 아쉽게도 문을 일찍 닫아서 커피는 못 마셨어." 난 한참 동안 웃었다. 나는 동생에게 말했다. "거기는 커피 파는 데가 아니라 오래된 역사적 건물이야." 동생은 그제야 이해한 듯 어이없어했다. 아내는 옆에서 "내가 그럴 줄 알았다니까. 남자들은 꼭 전후 사정을 빼고 이야기하니까 오해할 줄 알았다니까." 하면서 핀잔을 줬다.

정원 여기저기를 산책하다가 사이프러스 나무가 줄지어 있는 비톨로네 정원 대로를 거쳐 다시 피티 궁전 광장 쪽으로 나왔다. 가보고 싶은 오래된 예술 공방이 있었기 때문이다. 피티 광장 근처 좁은 골목길에 '줄리오 잔니니 에 필리오'(Giulio Giannini e Figlio)라는 긴 이름의 공방이 있다. 옆집에서 러시아의 문호 도스토옙스키가 머물면서 소설『백치』를 집필했다고 한다.

공방의 간판이 크지 않아서 한참 동안 헤매다가 겨우 찾았다. 내부 공간은 크지 않고 아담했다. 대리석 무늬의 종이와 노트, 사진

앨범 등 아름다운 수공예품들이 전시되어 있다. 주인인 마리아가 공방에 관해서 설명했다. 공방은 그녀의 6대 할아버지 피에트로 잔니니가 지금과 같은 장소에 설립했는데, 6대째 가업으로 170여 년에 걸쳐 전통적 제작 방식을 고수하면서 대대로 이어왔다고 말했다. 공방은 19세기 유럽 귀족들이 피렌체를 여행할 때 꼭 들러서 선물로 대리석 무늬 종이를 샀다고 한다. 마리아는 무척 자부심에 넘친 모습이었다. 아내는 가업을 묵묵히 이어가고 있는 마리아를 보고 무척 감동했다.

이곳에서 모든 것을 수작업으로 제작한다고 한다. 마리아는 대리석 무늬 종이 제작 과정에 대해서 간단히 설명했다. 종이에 한꺼번에 다색 프린트를 하는 것이 아니고, 한 가지 색으로만 여러 번 프린트한다고 했다. 시간이 오래 걸리는 매우 정교하고 어려운 작업이라는 생각이 든다. 대리석 무늬 종이가 예술 작품처럼 느껴졌다.

아내와 난 마음에 드는 대리석 무늬 종이 세 장을 샀다. 종이를 식탁에 깔고 유리로 덮으면 될 것 같았다. 그리고 말 모양의 사진액자도 샀다. '줄리오 잔니니 에 필리오'는 피렌체에 숨어있는 보석 같은 예술 공방이다.

공방은 피렌체가 가진 또 다른 얼굴을 조용히 드러내는 곳이다. 이곳 아르노강 남쪽은 장인들이 터전을 잡고 살아가던 지역으로,

권력이 집중된 아르노강 북쪽과 결이 다르다. 화려한 르네상스 예술의 그늘에서 피렌체를 지탱해 온 장인 정신과 소박한 서민들의 생활이 그대로 느껴진다.

그 한가운데, 고립된 섬처럼 피티 궁전이 자리하고 있다. 궁전의 화려함과 대비되는 작고 오래된 공방들은, 세월이 흘러도 변치 않는 피렌체의 모습을 지키고 있다. 장인들의 공방과 권력과 욕망이 넘치는 궁전이 나란히 공존하는 풍경 속에서 피렌체의 두 가지 얼굴을 동시에 본다.

6

오르산미켈레 바르젤로 박물관 아카데미아 미술관

돌에서 깨어나는 영혼

두오모 성당에서 칼자이우올리 거리를 따라 쭉 걸으면 오르산미켈레(Orsanmichele)가 나타난다. 14세기 이곳은 원래 곡물 거래 시장이었다. 시장 안에는 성모 마리아의 초상화가 있었다. 흑사병 때 그 초상화가 병을 낫게 하는 기적을 행한다고 믿어 사람들이 구름처럼 몰려들었다. 그 후 오르산미켈레는 곡물 시장에서 성당으로 변했다.

외벽에는 14개 길드의 수호성인 조각상이 서 있다. 길드는 서로 경쟁하듯 수호성인의 조각상에 후원을 아끼지 않았다. 길드는 기베르티, 도나텔로, 베로키오 등 르네상스를 대표하는 조각가들에게 수호성인 조각상을 의뢰했다.

눈길을 끄는 조각상은 기베르티가 만든 은행가 길드 수호성인 〈세례 요한〉과 도나텔로의 무기 제조상 길드 수호성인 〈성 조르조〉, 직물 길드 수호성인 〈성 마르코〉가 있다. 외벽에 있는 14명의 수호성인의 진품은 보존을 위해 2층 박물관에서 보존하고 복제품으로 외벽을 장식했다.

조각상의 진품을 보기 위해 2층 박물관으로 갔다. 제일 먼저 눈에 띈 것은 도나텔로의 〈성 마르코〉였다. 그는 직물 길드의 수호성인이다. 도나텔로는 성 마르코를 강직하고 단호한 모습으로 만들었다. 형태가 부드러운 곡선보다는 직선의 느낌이 강하다. 눈은 하늘을 향해 부릅뜨고 있고 입술은 굳게 다물었다. 왼손으로 성경책을 붙잡고 있고 옷 주름은 수직선으로 강하게 표현됐다. 도나텔로는 성 마르코를 선이 굵은 사자의 이미지로 표현했다.

다음으로 기베르티가 만든 세례 요한의 조각상 앞으로 갔다. 〈세례 요한〉은 은행가 길드의 수호성인이다. 산 조반니 세례당의 청동 문을 만든 대가이기에 관심이 갔다. 이 작품 역시 청동으로 만들었다. 조각상에서 눈에 먼저 들어오는 것은 옷 주름이었다. 기베르티는 옷 주름을 절제된 곡선으로 표현됐다. 그리스 로마 조각상 옷의 섬세하고 물결치는 옷 주름과 약간 차이가 있다. 옷의 주름선이 복잡해 보이지 않고 세련돼 보인다. 옷 끝자락의 문양과 발에 신고 있는 샌들도 섬세하게 표현돼 있다. 머리카락과 수염도 더부룩하지만 정돈돼 있다. 〈세례 요한〉의 포즈가 너무나 자연스럽다. 역시 기베르티구나 하는 생각이 든다.

도나텔로의 〈성 조르조〉도 보고 싶었지만, 그곳에 없었다. 진품은 시뇨리아 광장 근처에 있는 바르젤로 박물관에 있었다.

오르산미켈레는 시내 중심에 있는 높은 성당이라서 2층과 3층에서 두오모와 조토의 종탑 풍경이 가까운 거리에서 펼쳐진다. 멋진 풍경을 사진에 담기가 의외로 좋은 장소이다.

시뇨리아 광장에서 두오모 쪽으로 올라가다 보면 바르젤로 국립 박물관이 나타난다. 바르젤로 박물관은 르네상스 최고의 조각 박물관이다. 미켈란젤로, 도나텔로, 베로키오 등의 조각품을 감상할 수 있다. 바르젤로 박물관은 원래 시민의 궁전이었다. 피렌체 최고의 행정수반이 거주하고 정무를 보던 궁전이다. 1574년 대공 메디치 1세가 집무실을 베키오 궁전으로 옮기고 시민의 궁전을, 중죄인을 고문하고 처형하는 감옥으로 바꾸었다. 시민의 궁전이 사법재판소 바르젤로 궁전으로 바뀐 것이다. 1층에는 미켈란젤로의 작품을 볼 수 있는 '미켈란젤로의 방'이 있다.

'미켈란젤로의 방'에 들어서면 우선 〈바쿠스〉가 눈에 띈다. 이 조각상은 미켈란젤로 20대 초반 작품이다. 그의 조각가 경력의 출발점이 되는 작품이다. 〈바쿠스〉는 로마의 고대 조각품 수집가 라파엘 리아리오 추기경의 후원으로 만들어졌다. 조각품이 완성된 후 추기경은 구매를 거절하고 대신 은행가 야곱포 갈리가 구매했다. 갈리의 정원에 놓였고, 그의 가능성을 알아본 갈리의 추천으로 바티칸에서 〈피에타〉를 주문받는다. 〈피에타〉의 대성공으로 미켈란젤로는 20대 초반의 나이로 유명한 조각가의 반열에 오른다. 〈바쿠스〉와 〈피에타〉는 그의 20대 젊은 시절 분신 같은 작품들이다.

바쿠스는 그리스 술의 신 디오니소스의 로마식 이름이다. 〈바쿠스〉는 술에 취한 젊은이의 모습으로 조각되어 있다. 오른손으로 술잔을 쥐고 있고 취한 두 눈으로 술잔을 쳐다보고 있다. 머리는 포도와 포도잎으로 된 관을 쓰고 있다. 자세는 술에 취해 미끄러질 듯하고 그의 옆에 어린 사티루스가 짓궂은 표정으로 포도를 먹고 있다. 사티루스는 바쿠스와 함께 묘사되며 술과 음악, 춤, 여자를 좋아하는 반인반수의 정령이다.

〈바쿠스〉는 삶의 관능적 기쁨과 매혹을 표현했다. 진지한 미켈란젤로에게도 이런 면이 있나 싶어 흥미로웠다. 역시 그리스 로마 조각품에 영향을 많이 받은 것이 느껴졌다. 하지만 바로 뒤 제작한 바티칸의 〈피에타〉와 주제와 작품의 분위기가 너무 달라 특이했다.

〈피에타〉의 명상적이고 서정적 느낌과 달리, 〈바쿠스〉는 관능적이었다.

한쪽 벽에는 브루투스의 흉상이 있다. 브루투스는 시저를 암살한 암살범으로 배신의 아이콘으로 그려진다. 단테의 『신곡』에서도 그리스도를 팔아넘긴 유다와 함께 지옥의 제일 깊은 곳에서 벌받는 것으로 묘사됐다.

미켈란젤로는 브루투스를, 공화국을 위협하는 독재자 시저를 처단한 영웅으로 표현했다. 당시 피렌체는 시민 공화정의 패배로 인해 메디치가의 군주정으로 이행했다. 그런데 피렌체 군주정 최초의 공작인 메디치 가문의 폭군 알렉산드로가 사촌 로렌치노에 의해서 암살당하는 사건이 벌어진다. 곧바로 공화주의자 작가인 도나토 잔노티는 로렌치노의 거사에 공감하고 미켈란젤로에게 브루투스를 주문했다. 미켈란젤로는 브루투스를 시저의 전제정치를 타파한 영웅으로 표현했다. 단테와는 달리 정반대의 평가를 내렸다.

안쪽으로 더 들어가면 잠볼로냐의 청동으로 만든 〈날아가는 메르쿠리오〉가 나온다. 메르쿠리오는 그리스 신 헤르메스이다. 그는 신들의 메시지를 전하는 전령의 신이다. 메르쿠리오는 날개 달린 모자, 지팡이, 신발을 신고 바람같이 날아다니는 모습으로 표현됐다. 〈날아가는 메르쿠리오〉는 높이 180센티미터에 무게가 60킬로그램이 넘는다. 왼쪽 발끝을 바닥에 대고 오른쪽 다리는 뒤로 뻗었다. 왼손엔 카두세오를 들고 오른손으로 하늘을 가리킨다.

무게감이 전혀 느껴지지 않는다. 왼쪽 발끝만 바닥에 대고, 불안정한 자세임에도 불구하고 균형을 잡고 서 있다. 아름다운 몸매로 바람을 타고 하늘을 날아서 달리는 역동적인 모습이다.

'미켈란젤로의 방'을 나와 2층으로 올라가면 '도나텔로의 방'이 나온다. 벽에 도나텔로의 〈성 조르조〉가 전시되어 있다. 오르산미켈레의 외벽을 장식하고 있는 〈성 조르조〉의 진품이다. 성 조르조는 갑옷과 무기 제작 길드의 수호성인이다.

원래 칼과 칼집이 있었는데 없어졌다고 한다. 첫눈에 보아도 군더더기 없는 깔끔한 조각상이다. 십자가가 있는 방패가 조각상의 중심을 잡는다. 매서운 눈매와 꾹 다문 입술로 성 조르조의 성격을 표현했다. 갑옷과 의상도 장식적이지 않고 단순하다. 전체적 인상은 강직한 로마 군인의 모습이다. 무기 제작 길드의 수호성인 조각상답다.

이 방에는 도나텔로가 만든 두 개의 다비드가 있다. 하나는 대리석으로 만들었고 또 하나는 청동으로 만들었다. 대리석으로 만든 다비드는 골리앗의 머리를 밟고 있는 미소년의 모습으로 묘사됐다. 머리에는 불멸을 상징하는 꽃 아마란투스 관을 쓰고 왼손을 허리에 받치고 당당하게 서 있다. 의상은 단순하지만 우아하다. 얼굴 표정과 전체적 인상이 그리스 로마 조각상을 연상시킨다.

도나텔로는 첫 번째 다비드를 만든 후 30년 뒤에 청동으로 다비드를 만든다. 르네상스 최초의 남자 누드 조각상이다. 메디치 가문 코시모의 의뢰로 만들었다. 메디치 궁전의 중정을 장식하기 위해서이다. 〈청동 다비드〉는 긴 머리에 챙이 넓은 모자를 쓰고 있다. 다리에 긴 부츠를 신고 있고 역시 골리앗의 머리를 밟고 있다. 30년 전과 비슷한 자세인데 다른 점은 오른손에 칼을 쥐고 있고 누드에 모자와 부츠를 신고 있는 모습이다. 다비드가 미소년의 모습을 넘어서 여성적 이미지가 많이 보인다.

이 방에는 또 하나의 다비드가 있다. 베로키오의 〈청동 다비드〉
가 있다. 시기적으로 보면 앞에서 본 도나텔로의 〈청동 다비드〉보
다 늦게 만들어졌다. 미소년이 왼손을 허리에 대고 오른손으로 짧
은 칼을 쥐고 골리앗의 머리를 밟고 있다. 의상은 단순하면서도 화
려한 문양으로 장식되어 있다. 도나텔로의 누드 〈다비드〉를 보고
베로키오의 〈다비드〉를 보니 꽤 소박하고 평범해 보였다. 다비드
는 자연스러운 실제 인물처럼 표현됐고, 골리앗의 표정도 생생하

다. 베로키오가 〈다비드〉의 모델로 제자인 10대의 레오나르도 다 빈치를 모델로 썼다는 이야기도 있다.

피렌체에서 다비드 조각상을 참 많이 봤다. 작은 시민 국가인 피렌체는 다비드와 자신을 동일시했다. 피렌체의 자유를 상징하는 다비드는 시민들이 가장 좋아하는 조각품이었다. 미켈란젤로의 〈다비드〉를 보기 위해 아카데미아 미술관으로 갔다. 〈다비드〉 때문에 관람객들로 항상 북적거린다. 미술관에 들어가면 노예들의 복도가 나온다. 여기에 미켈란젤로의 네 개의 노예 조각상이 놓여있다.

네 개의 노예 조각상은 교황 율리우스 2세의 무덤을 장식하기 위한 것이었다. 작업 도중 무덤의 규모가 축소되어 미완성인 상태로 남게 되었다.

미켈란젤로는 유독 미완성 작품이 많다. 미완성 작품은 작가의 작업 방식을 알 수 있게 해준다.

네 명의 노예로 본 미켈란젤로의 작업 방식은 전면부 인물의 모습부터 조각해 나가서 옆면과 뒷면을 조각한다. 그는 돌덩어리에서 어떤 조각의 형태를 미리 보고 자기의 할 일은 그 형태를 끌어내는 것이라고 말했다.

[사진 30] 미켈란젤로, 〈젊은 노예〉

복도의 오른쪽에는 역시 미완성 작품 〈성 마태오〉가 있다. 왼쪽 다리를 구부리고 왼손에 성경책을 들고 있다. 얼굴은 하늘을 향하고 있다. 미켈란젤로의 조각품답게 역동적인 자세이다.

미완성 작품은 군더더기가 없어 그가 강조하고 싶은 주제가 뚜렷이 드러난다.

때로는 미완성 작품이 완성 작품보다 더욱 매력적으로 느껴지는 경우도 있다.

복도 끝 홀에 〈다비드〉가 서 있다. 조각상 주위로 관람객들이 둘러싸고 있다. 다비드는 피렌체 공화국의 자유와 독립의 상징이다. 20대 후반 미켈란젤로의 열정과 패기가 느껴졌다.

도나텔로와 베로키오는 골리앗의 목을 벤 직후 승리의 다비드를 조각했다. 그러나 미켈란젤로는 다비드를 골리앗에게 돌을 던지기 직전의 팽팽한 긴장감을 가진 청년으로 묘사했다. 오른손으로 돌을 움켜쥐고 왼손으로 무리 매를 어깨에 메고 있다. 얼굴은 긴장됐지만 비장하고 날카로운 눈매로 골리앗을 응시하고 있다. 이상적 조형미를 가진 청년의 얼굴이다. 마치 시간이 정지된 느낌이다.

〈다비드〉는 영원한 청년의 모습으로 서 있다. 폭발할 듯한 동적인 순간을 역설적으로 고요한 정적 순간으로 표현했다. 〈다비드〉 앞에 서면 순간이 어떻게 영원으로 승화되는지 온몸으로 체험하게 된다.

아카데미아 미술관을 나와 근처에 있는 니노(Nino)에 갔다. 입구는 초콜릿이 액체가 되어 위에서 아래로 흐르고 있었다. 니노를 대표하는 상징적 얼굴이다. 이곳에 온 이유는 선물로 피스타치오 레몬 초콜릿과 리몬첼로를 사기 위해서이다. 리몬첼로는 식후에 마시는 술로 레몬에 독한 술이 약간 들어간 식후주이다.

리몬첼로를 샀는데 직사각형 포장 박스에는 영화 〈로마의 휴일〉의 한 장면이 프린트되어 있다. 그레고리 펙과 오드리 헵번이 오토바이 베스파를 타고 있는 모습이다. 옆면에는 재즈 가수 빌리 홀리데이가 마이크 앞에서 열창하는 모습이 있다. 갑자기 그녀의 노래가 듣고 싶어졌다. 나는 그녀의 나이 들어 체념하고 쉰 듯한 목소리보다 젊은 시절의 발랄한 스윙감이 느껴지는 목소리가 더 좋다. 빌리 홀리데이의 〈당신이 웃을 때(When You're smiling)〉를 들으면 젊은 날의 빌리 홀리데이의 스윙감 있는 목소리를 들을 수 있다. 물론 뉴욕의 가을(Autumn in New York)의 나이 들어 체념한 듯 부르는 쉰 목소리도 좋지만. 집에 일찍 들어온 그날 오후 내내 빌리 홀리데

이의 컬럼비아 시절 음악을 들었다. 르네상스 도시 피렌체에서 듣
는 빌리 홀리데이는 아름답고 특별했다.

산타 마리아 노벨라 성당

메멘토 모리, 죽음을 기억하라

산타 마리아 노벨라 역 맞은편에 초록색과 흰색의 아름다운 파사드(성당의 전면부)를 가진 산타 마리아 노벨라 성당이 자리 잡고 있다. 성당은 13세기 초 도미니코 수도회가 재건했다. 도미니코 수도회는 신앙의 진리를 대중에게 설교하는 것을 목표로 하는 수도회이다. 따라서 이단과의 싸움, 대중들에 대한 설교를 중요시한다. 수도회가 배출한 유명한 인물은 중세 기독교의 대표적 신학자인 토마스 아퀴나스이다.

성당의 파사드는 피렌체의 거부 조반니 루첼라이의 의뢰에 따라 알베르티가 1470년에 완공했다. 알베르티의 고민은 아랫부분의 고딕양식과 윗부분의 르네상스 양식을 조화롭게 연결하는 것이었다.

아랫부분은 중세 시대에 만든 아치형 문과 코린트식 기둥, 사각형의 문양이 장식되어 있었다. 알베르티는 윗부분을 르네상스의 건축 언어인 원, 삼각형, 사각형의 기하학적 문양으로 만들었다. 그리고 아랫부분과 윗부분을 두 개의 소용돌이 장식으로 자연스럽게 연결했다. 고딕양식과 르네상스 양식이 조화롭게 공존했다.

[사진 32] 산타 마리아 노벨라 성당

성당 안으로 들어갔다. 중앙에는 조토가 만든 십자가가 걸려있고 중앙제대 뒤로 아치 모양의 스테인드글라스가 보였다. 르네상스 양식의 파사드에 비하면 성당 내부는 고딕양식 느낌이 들었다. 성당 내부는 조토, 마사초, 브루넬레스키 등 르네상스 거장들의 작품들로 장식되어 있었다.

성당 안쪽 출입문 위에는 보티첼리의 〈예수의 탄생〉이 그려져 있다. 마리아는 기도하고 아기 예수는 마리아에게 안아달라는 듯 두 팔을 내민다. 요셉은 오른손을 머리에 괴고 있는데 마리아에 비해서 너무 늙은 모습이다. 마리아는 항상 젊게 그려지는데 왜 요셉은 항상 나이 들게 그려졌을까 하는 의문이 들었다.

성당 왼쪽으로 조금 가면 마사초의 그림 〈성 삼위일체〉 프레스코화가 나온다. 아쉽게도 복원작업 중이라 가림막으로 가려져 있다. 철제 계단을 올라가서 마사초 그림 앞에 섰다. 좋았던 점은 마사초의 그림을 가까운 거리에서 자세히 볼 수 있었던 것이다. 〈성 삼위일체〉는 그가 죽기 직전에 그린 그림으로 삼위일체 교리를 그림으로 표현했다.

윗부분 배경은 붉은색 아치와 기둥을 가진 개선문 비슷한 건축물이다. 문의 천장은 붉은색과 파란색의 사각형 문양이 교차한다. 배경 맨 위에 성부가 양손으로 십자가를 붙잡고, 예수는 십자가에 못

박혀 있다. 하얀 비둘기로 상징하는 성령이 성부와 성자를 서로 연결한다. 십자가 아랫부분 왼쪽에는 마리아가 관람자에게 손짓하며 오른편에는 사도 요한이 있다. 문 바깥에는 그림의 후원자로 보이는 남녀가 무릎을 꿇고 기도하고 있다.

그림 아랫부분은 석관에 누워 있는 해골이 있다. 석관 뒤로, 라틴어로 "나의 어제는 당신의 오늘, 나의 오늘은 당신의 내일"이라는 글이 쓰여 있다. 메멘토 모리(Memento Mori) 즉 "죽음을 기억하라"는 강렬한 메시지를 전한다.

마사초가 스물여섯 살에 그린 〈성 삼위일체〉는 서양 회화사에 기념비적인 이정표를 세웠다. 그는 그림에 선형 원근법과 소실점을 사용하여 2차원 평면에 3차원의 깊이감이 있는 입체를 표현했다. 원래 선형 원근법은 브루넬레스키가 발견하여 건축에 응용하였는데 마사초는 회화에 적용했다.

〈성 삼위일체〉는 성부와 성자와 성령의 수직적 구조가 그림의 중심축이다. 성부 머리 위 천장을 아래에서 위를 봤을 때 공간의 깊이감이 입체적으로 느껴진다. 차례대로 겹쳐있는 인물들의 위치가 공간의 깊이감을 더욱 강조한다. 바사리는 이 그림을 보고 성당 벽이 뚫린 것 같다고 했다.

마사초는 그림의 소실점을 관람자의 눈높이인 석관 위를 가로지르는 두꺼운 대리석 바닥의 중심으로 설정했다. 관람자의 시야에서 보면 해골과 석관이 먼저 눈에 보이고 후원자와 마리아, 사도 요한 그리고 성부 성자 성령 삼위일체의 모습이 하늘로 열리는 듯한 모습이다. 소실점을 중심으로 아래는 죽음의 세계이고 위는 성자의 희생과 부활로 구원되는 삶의 세계이다.

또한 성부 성자 성령의 수직적 구도가 석관과 해골 전신의 수평적 구도와 강렬한 대비를 이룬다. 〈성 삼위일체〉는 그림의 모든 요소를 수학적으로 정교하게 계산해서 기하학적인 세계를 구축했다.

〈성 삼위일체〉는 그림으로 실제 세계를 입체적으로 재현한 르네상스 회화의 혁신적 출발점이었다.

성당의 중앙에는 조토가 그린 〈십자가상〉이 걸려있다.

조토가 그린 십자가상은 중세 시대 십자가상과 극명하게 비교된다. 예전의 십자가상은 예수의 십자가 위의 고통과 예수의 신성을 강조하기 위해, 비잔틴 미술이 정해놓은 도식화된 아이콘을 따랐다. 머리는 왼쪽으로 기울어져 있고 표정은 고통스러운 얼굴로 묘사됐다. 몸은 왼쪽에서 오른쪽으로 곡선을 이루며 뒤틀려있다. 예수의 고통스러운 모습을 강조하고 그 고통은 인간이 감당할 수 없는 신적인 고통으로 묘사됐다.

조토의 〈십자가상〉은 이와 달리 훨씬 자연스럽고 인간적인 예수의 모습을 묘사했다. 예수 얼굴은 예전과 달리 평온해 보이며, 자세도 고통으로 인해 곡선으로 구부러진 모습이 아니라 자연스러운 수직선으로 표현됐다. 조토는 예수가 우리가 다가갈 수 없는 신적 존재임과 동시에 우리 곁에 있는 인성을 가진 존재라는 점을 표현하고자 했다. 산타 마리아 노벨라 성당의 도미니코 수도사들이 당시 예수의 인성을 부정하는 이단과의 싸움을 벌이고 있었는데, 20대 초반의 조토가 당대의 신학적 맥락을 반영하는 십자가상을 그렸다.

중앙 제단 바로 왼쪽에는 곤디 예배당이 있는데, 예배당 뒤쪽 벽에는 브루넬레스키가 조각한 〈십자가상〉이 있다. 브루넬레스키의 〈십자가상〉은 산타 크로체 성당에 있는 도나텔로의 〈십자가상〉에 대한 화답으로 제작되었다. 르네상스 미술가들의 전기 작가인 바사리에 따르면 이 십자가에는 재미있는 일화가 있다.

브루넬레스키와 도나텔로는 친하게 지냈다. 어느 날 도나텔로가 브루넬레스키에게 자기가 만든 〈십자가상〉에 대해 솔직한 평가를 해달라고 부탁했다. 브루넬레스키는 도나텔로의 〈십자가상〉에 관하여 혹평했다. 인체의 근육이 너무 과장됐고, 전체적으로 투박하고 세련되지 못했다고 비판했다. 그리고 마치 십자가 위에 예수가 아닌 농부가 있는 듯하다고 비꼬았다.

화가 난 도나텔로는 브루넬레스키에게 그렇게 자기의 〈십자가상〉
이 못마땅하면 자신이 직접 십자가상을 만들어 보라고 대꾸했다. 그
뒤 브루넬레스키가 나무 십자가상을 직접 만들고 도나텔로는 그 십
자가상을 보더니 무척 감동했다는 이야기이다.

성당 바깥을 나가면 녹색 회랑이 나온다. 녹색 회랑의 세 면에 우
첼로가 구약의 창세기를 주제로 그린 프레스코화 연작이 있다. 녹
색 회랑이라는 이름은 프레스코화에 씌었던 녹색 흙으로 만든 물감
때문에 붙인 이름이다. 단색 느낌의 연작 프레스코 벽화는 〈창조
와 타락〉으로부터 시작한다. 루네트(반원 모양의 벽면 공간) 왼쪽에
동물들의 창조와 오른쪽에는 아담을 창조하는 하느님이, 아랫부분
왼쪽에는 이브의 창조 오른쪽에는 아담과 이브의 타락이 그려져 있
다. 다음 벽에는 〈노아의 이야기〉가 자리 잡고 있다. 아내와 난 녹
색 회랑을 돌면서 구약의 창세기 중 어떤 이야기를 그렸는가를 맞
춰보면서 걸었다.

산타 마리아 노벨라 성당을 나와서 아르노강 쪽으로 걸어갔다.
멀지 않은 곳 강변에 오니산티 성당이 나타난다. 지난번에 왔을 때
결혼식이 열리고 있어서 성당에 못 들어가서 다시 온 것이다. 성당
에 들어가니 바로크 양식의 내부 장식이 눈에 띄었다. 성당 중앙 양

쪽 벽에는 보티첼리의 〈서재에 있는 성 아우구스티누스〉와 기를란 다요의 〈서재에 있는 성 히에로니무스〉가 서로 마주 보고 있다. 같은 해(1480) 같은 주제(서재에 있는 성인)로 그려진 그림이라서 더욱 흥미를 끌었다. 오른쪽에 있는 아우구스티누스의 그림은 그의 책 표지에 많이 쓰였기 때문에 친근감이 갔다.

성당 중앙 제단 오른편에 보티첼리의 무덤이 있다. 그가 연모했던 그의 뮤즈 시모네타 베스푸치는 근처에 묻혀 있다. 시모네타는 라 벨라 시모네타(아름다운 시모네타)라는 별명으로 불린, 당시 피렌체 를 대표하는 미인이었다. 제노바 태생의 그녀는 열다섯 살 때 피렌 체로 마르코 베스푸치에게 시집왔다. 뛰어난 미모를 가진 그녀는 메 디치 가문의 줄리아노와 연인 관계였다는 이야기도 있다. 보티첼리 는 그녀를 모델로 그림을 그렸고, 짝사랑에 빠졌다. 하지만 그녀는 결핵으로 23세의 젊은 나이로 세상을 떠났다. 보티첼리는 그녀를 모델로 하여 〈비너스의 탄생〉의 비너스로 그렸다. 보티첼리의 뮤즈 시모네타는 미의 여신 비너스로 재탄생했다. 보티첼리는 자기가 죽 으면 그녀가 묻혀있는 오니산티 성당에 묻히기를 희망했다. 그녀가 죽은 지 34년 뒤 보티첼리가 죽었을 때 그의 희망대로 성당 그녀의 묘지 바로 옆에 묻혔다. 보티첼리와 시모네타의 낭만적 사랑이 깃들 어 있는 오니산티 성당을 나와서 아르노 강변을 따라 걸었다.

아르노강에서 칼자이우올리 길을 따라 걸으면 카페 질리가 나타
난다. 카페 질리에 들어가 에스프레소를 마셨다. 우리는 광장 중앙
에 있는 카루셀 회전목마가 바로 보이는 창가 자리에 앉았다. 바에
서 마시는 것보다 훨씬 비싼 값으로 에스프레소와 티라미수를 먹었
다. 에스프레소는 고소한 맛으로 부드러웠고, 티라미수는 입으로
넣자마자 바로 녹았다.

그날 이후 거의 매일 질리 에스프레소를 마셨다. 비싸기로 유명
한 질리였지만 바에서 마시는 에스프레소는 1.5유로로 마실 수 있
었다. 피렌체에 머무르는 내내 카페 질리를 제집처럼 드나들었다.

산타 크로체 성당

위대한 영혼들의 판테온

산타 크로체 성당 정면 왼쪽에는 단테의 조각상이 있다. 피렌체 선조들은 단테를 추방하였으나, 후손들은 단테를 추모하고 피렌체에서 단테가 태어났다는 사실에 자부심을 느낀다. 1211년 프란체스코 성인이 피렌체를 방문한 후 이곳에서 수도원이 시작되었다. 프란체스코 수도회는 청빈과 영성을 중요시한다. 산타 크로체 성당이 있는 지역은 원래 수공업자, 장인 특히 가죽 가공업을 종사하는 사람들이 많이 살았다. 두오모가 성안의 중심 성당이었다면 산타 크로체 성당은 성 밖의 조그마한 성당이었다.

성당 내부로 들어가면 중앙제단이 화려하게 꾸며졌고, 중앙에 큰 통로가 있고 양옆으로 팔각형 기둥을 가진 아치형 기둥으로 나뉜 두 개의 통로가 있다. 특이하게 성당의 천장이 밤색 나무로 만들어 졌다. 청빈한 프란체스코를 기리는 성당에 어울리는 소박한 천장 이다. 성당의 벽과 바닥에는 파리의 팡테옹처럼 이탈리아의 르네 상스를 빛낸 명사들의 묘지가 300여 개 자리 잡고 있다. 차이가 있 다면 파리의 팡테옹은 프랑스 혁명을 기억하고, 산타 크로체 성당 은 이탈리아 르네상스를 기억하는 공간이다.

왼쪽 통로 끝에 갈릴레오 갈릴레이의 묘지가 있다. 갈릴레오의 모 습은 오른손엔 자기가 만든 망원경을 들고 왼손엔 지구의를 들고 하늘을 바라보고 있다. 맞은 편 오른쪽 통로 끝에는 미켈란젤로의 묘지가 있다. 석관의 중앙에 미켈란젤로의 조각상이 있고 앞에는 세 여인의 조각상이 있는데 각각 회화, 조각, 건축을 상징한다고 한다.

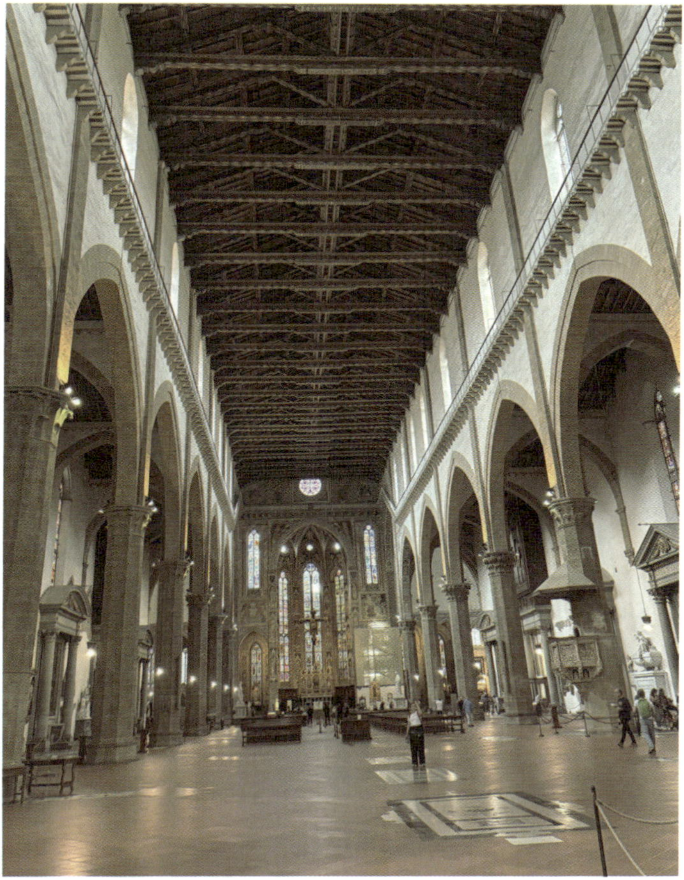

[사진 36] 산타 크로체 성당 내부

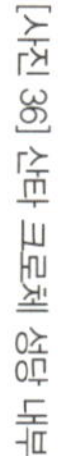

미켈란젤로의 묘에서 중앙제단 쪽으로 조금 가면 단테의 가묘가 보인다. 석관 위에 단테가 턱에 손을 괴고 앉아 있는 모습이 보인다. 계관시인다운 모습이다. 석관에는 라틴어로 "피렌체가 훌륭한 망명자에게 경의를 표하며, 조국이 그의 시신 재를 돌려받기를 원한다"라고 씌어 있다. 시민들의 단테에 대한 애정을 엿볼 수 있다. 단테의 실제 묘는 이탈리아 북쪽에 있는 라벤나(Ravenna)에 있다. 옆에는 군주론의 저자 마키아벨리의 묘지도 보인다. 위쪽으로 가면 음악가 로시니의 묘지가 있다.

성당 내부는 벽에 있는 석관들로 말미암아 경건한 분위기를 띤다. 교과서에서 봤던 위대한 인물들이 즐비하게 안치돼 있는 것을 보니까 처음에는 너무 경이로웠다. 실제 보니 그 사람들이 역사 속 위인이 아니라, 현실에 실재했던 인간처럼 다가온다. 성당은 벽에 있는 묘지들로 말미암아 죽음에 관해서 생각하게 만드는 공간이다. 산타 크로체 성당은 삶과 죽음이 멀리 떨어진 것이 아니라 가깝게 존재함을 확인시켜 주는 공간이다.

성당 중앙제대 바로 오른편에는 바르디 가문의 예배당이 있다. 이곳에는 조토가 그린 유명한 프레스코화 〈성 프란체스코의 삶〉이 있다. 성 프란체스코의 삶을 아버지의 재산을 포기하는 장면부터 그의 죽음까지 여섯 장면으로 표현했다. 아쉽게도 이번에는 복원 작업 중이라 바르디 예배당이 폐쇄되어 조토의 프레스코화를 보지 못했다.

북숍을 거쳐서 성구실로 들어갔다. 성구실 중앙 벽에는 치마부에의 〈십자가상〉이 걸려있다. 치마부에의 〈십자가상〉은 1966년 피렌체의 대홍수로 인해 심하게 훼손당했다. 그때의 기억을 상기시키려고 전체를 복원하지 않고 부분적으로 복원하여 전시했다. 홍수로 인한 얼룩이 〈십자가상〉 전체에 묻어있고, 물감이 씻겨 내린 자국이 선명했다. 훼손된 모습으로 인해, 예수의 모습이 더욱 고통스럽게 느껴졌다.

성당을 바로 나와서 첫 번째 회랑에 들어서면 파치 예배당이 있다. 파치 예배당은 브루넬레스키 말년의 걸작이다. 르네상스 양식의 건축물로 '파치가의 음모'로 공사가 중단되고 미완성 상태로 남아있다. '파치가의 음모'는 전통적인 귀족 가문이었던 파치 가문이 교황 식스투스 4세와 공모하여 당시 피렌체의 권력을 독점하고 있었던 메디치 가문을 전복하고 정권을 잡기 위한 음모였다. 실패로 끝나고 파치가는 메디치가에 의해서 멸문지화를 당했다.

　파치 예배당과 메디치 예배당은 성당 안에서 가까운 거리에 붙어 있다. 지금은 두 가문 다 세상에서 흔적이 없어졌지만, 두 가문의 악연에도 불구하고 예배당이 붙어 있다. 묘한 인연이라고 생각했다. 권력의 가해자도 피해자도 모두 사라져 버리고 예배당만 덩그러니 남아 있다.

　새삼 권력의 무상함을 느끼게 한다.

파치 예배당을 나와 첫 번째 회랑의 끝에 있는, 지금은 박물관으로 쓰이는 수도원의 대식당으로 향했다. 박물관의 왼쪽 벽에는 바사리의 〈최후의 만찬〉이 걸려 있고, 중앙엔 타데오 가디의 〈생명의 나무와 최후의 만찬〉이 자리한다. 중앙에는 예수를 중심으로 나무의 가지처럼 뻗어나간 성인들의 모습이 묘사되어 있다. 프란체스코회가 운영하는 성당답게 나무의 기둥 아랫부분을 성 프란체스코가 받치고 있다. 왼쪽 위에는 성 프란체스코가 천사로부터 성흔을 받는 장면이 그려져 있다. 타데오 가디의 프레스코화는 산타 크로체 성당의 정체성을 분명히 드러낸다. 수도사들의 식당답게 아래쪽에는 예수의 〈최후의 만찬〉이 그려져 있다. 피렌체에서 본 최후의 만찬 그림은 항상 유다가 뒷모습으로 테이블 앞에 등장한다. 처음에는 유다가 예수인 줄 알았는데, 자세히 보니 후광을 두른 예수는 식탁의 중앙에 있었다. 피렌체에서 보았던 대부분의 최후의 만찬 그림은 유다가 뒷모습으로 중앙에 있었다. 유다의 고립을 강조하기 위한 것으로 레오나르도 다빈치의 〈최후의 만찬〉과는 다른 모습이었다.

성당에서 가끔 음악회가 열린다. 며칠 뒤에 성당 본당에서 토스카나 오케스트라가 모차르트의 레퀴엠을 연주할 예정이었다. 위대한 명사들의 석관묘 사이에서 듣는 진혼곡은, 경건하고 실감 나는 레퀴엠이라서 관심이 갔다. 아쉽게도 다른 여행 일정이 있어서 그

연주를 듣지 못했다.

산타 크로체 성당을 나왔다. 성당은 죽은 자를 위한 공간이고, 장인들의 공방으로 둘러싸인 성당 주위는 삶의 활기찬 공간이었다. 근처에 있는 향수 가게 아쿠아 플로르로 갔다. 이곳은 피렌체에서 가장 오래된 향수 가게 중 하나이다. 입구에 디퓨저를 양쪽에 놓아두어서 가게 근처에 향수 냄새가 진하게 났다. 아내와 난 가게로 들어갔다. 안쪽 벽에는 갖가지 향수와 디퓨저가 진열돼 있었다. 중앙에 호박색 조명기구 아래 커다란 테이블에 갖가지 향수를 제작할 수 있는 향들이 놓여 있었다. 개인 취향에 따라 즉석에서 향수를 만들 수 있었다. 아내는 종업원과 이야기를 나누면서 본인 취향에 따라 세 가지 정도의 향수를 만들었다.

문제는 직접 만든 수제품 향수라서, 가격이 예상한 것보다 너무 비쌌다. 종업원의 친절에 감사하다고 이야기하고 아쿠아 플로르를 나왔다.

잠시라도 향기로운 공간에 있어서 그런지 몸과 마음이 가벼워졌다.

9

단테의 집

태양과 별들을 움직이는 사랑

바르젤로 박물관 근처 좁은 중세풍 거리를 걷다 보면 단테의 집이 나타난다. 벽돌로 된 거친 벽에 단테의 흉상이 여행객을 맞이한다. 건물은 단테가 살았다고 전해지며, 지금은 단테를 기념하는 3층 박물관으로 쓰인다. 좁은 계단을 올라 2층으로 향했다.

2층은 단테가 누구인가를 보여준다. 살아있는 듯한 상반신 홀로그램과 벽에는 그의 출생부터 추방, 죽음까지 주요 사건을 연표와 패널로 쓰여 있다. 조그마한 방은 단테의 추방에 관한 기록이 있다. 추방 판결문으로 "영원히 피렌체에서 추방하며 돌아오는 즉시 화형에 처한다"라는 내용이 적힌 책이 전시되어 있다. 시인이기 이전에 피렌체 정치의 격동기를 살다가 추방당한 그의 실존적 고뇌가 읽혀진다. 『신곡』지옥 편 첫머리가 떠오른다.

"우리 인생길 반 고비에

올바른 길을 잃고서 난

어두운 숲에 처했었네."

단테는 인생의 중반에 길을 잃었다고 노래했지만, 나는 삶의 황혼기에 길을 잃어버렸다.

길을 잃어버린 자는 어떻게 해서든지 제대로 된 길을 찾아 나가야 한다. 그것이『신곡』의 출발점이다.

3층에 올라가면 본격적인『신곡』의 세계가 펼쳐진다. 먼저『신곡』의 언어에 대한 설명이 소개된다. 단테는『신곡』을 라틴어로 쓰지 않고 피렌체 방언으로 썼다. 이는 피렌체 방언이 표준 이탈리아어의 뿌리가 되는 결정적 역할을 했다. 라틴어는 성직자나 지식인들 사이에서만 통용됐던 보편적 문자였지만 실생활의 생생한 생활 감정을 담지 못했다. 그래서 단테는 일상생활에서 쓰는 서민들의 피렌체 방언으로 영혼의 정화 과정을 노래했다.

3층엔 특이한 방이 있는데『신곡』에 완전히 몰입할 수 있는 공간이다. 어두운 조명 아래 스크린에 단테의 여정과『신곡』의 지옥, 연옥, 천국 구절과 그와 관련된 이미지가 음악과 함께 생생하게 펼쳐진다. 오른쪽 벽에는 지옥, 연옥, 천국을 묘사한 대형 삽화가 걸려 있다. 갑자기 불이 켜지면 벽 왼쪽에 대형 책장이 드러난다. 수십 가지 언어로 번역된『신곡』들이 진열되어 있다.

『신곡』은 길을 잃어버린 자아가 영혼의 구원을 찾아가는 여정이다. 구원의 모티브는 이성이 아니라 사랑을 통해서 구원받는다는 이야기이다. 로마 시인 베르길리우스로 의인화된 이성을 통해서 길을 찾아보려 하지만 괴롭고 고통스러운 결과를 확인하는 것이 지옥의 시편이다. 지옥에서 타락한 고위 성직자들, 탐욕에 물든 부호들. 교만한 지식인 등 다양한 인간 군상들이 각각 자신들의 죄로 인한 형벌을 받는다. 탈출구도 보이지 않고 희망이 없는 곳에서 단테는 좌절한다.

"여기 들어오는 너희는 희망을 버려라."

지옥의 모든 풍경을 압축하는 구절이다.
역설적으로 희망을 품지 못한 사람은 누구든지 지옥에 빠져 있다는 은유이다. 나는 지금 희망을 품고 있는가, 스스로에게 묻게 된다.

이윽고 단테는 연옥으로 향한다. 연옥은 영혼을 정화하는 인내의 공간이다.

"들어가라! 그러나 뒤를 돌아보는 사람은
밖으로 다시 나와야 한다는 것을 명심하라!"

과거에 붙잡혀 벗어나지 못하면 다시 지옥으로 추락한다는 이 경고는, 삶의 회한이 어떻게 인간의 발목을 잡는지 보여준다. 회한에서 벗어나지 못하는 한 새로운 길은 열리지 않는다.

천국에 이르러서야 사랑으로 의인화된 베아트리체가 단테를 인도한다. 이성으로는 천국의 빛을 볼 수 없고 사랑으로만 가능하다는 의미이다. 천국은 이성이나 지식이 아니라 관조와 사랑으로 닿을 수 있는 공간이다.

첫사랑이었던 베아트리체를 통해 신의 빛을 보게 되고 감동적인 마지막 구절로 단테의 여행은 마무리된다.

"여기서 나의 환상은 힘을 잃었다. 하지만
내 소망과 의지는 이미, 일정하게
돌아가는 바퀴처럼, 태양과 다른 별들을

움직이시는 사랑이 이끌고 있었다."

단테의 집을 나와서 좁은 골목길을 다시 걸었다. 피렌체의 밤하늘에 별들이 빛나고 있었다.

브랑카치 예배당과 마사초

벽에 그린 인간의 비극과 구원

산타 크로체 성당에서 아르노강 남쪽으로 건너가면 산타 마리아 델 카르미네 성당이 나타난다. 아르노강 남쪽은 원래 서민들이 살았던 지역인데 지금은 작은 공방의 장인, 부티크 상점, 젊은이들로 활기찬 공간이다. 성당은 이처럼 서민적이고 소박한 아르노강 남쪽의 성당이다.

성당 안에 있는 브랑카치 예배당은 마사초의 프레스코화로 유명하다. 마사초는 브랑카치 가문의 후원으로 베드로의 일생을 주제로 예배당에 프레스코화를 그렸다. 마사초는 그의 스승 마솔리노와 공동 작업을 했다. 작업 도중 마사초는 알 수 없는 이유로 갑자기 로마로 떠났고, 소식이 끊긴 채 스물여덟의 나이로 생을 마감했다.

　예배당의 왼쪽과 오른쪽 벽 위에 마사초의 〈에덴동산에서 추방〉과 마솔리노의 〈아담과 이브의 유혹〉이 그려져 있다. 아담과 이브의 원죄로 인한 에덴동산에서 추방은 베드로의 일생을 그리기 위한 전제이다. 하느님과 인간의 관계가 분리된 것을 예수의 희생을 통하여 복원시키는데 베드로가 중재 역할을 한다. 마솔리노의 아담과 이브는 마사초와 느낌이 다르다. 마솔리노의 아담과 이브는 볼륨감이 있으면서도 평면적으로 느껴진다. 반면 마사초의 아담과 이브의 얼굴은 죄책감과 슬픔으로 일그러져 있다. 풍부한 표정과 역동적인 움직임으로 인물들이 훨씬 입체적으로 그려져 있다. 마솔리노와 대조적으로 마사초의 혁신적인 인간적 감정 묘사가 돋보인다.

〈에덴동산에서 추방〉 바로 옆에는 마사초가 그린 예배당 프레스코화 중 가장 유명한 〈성전세〉가 있다. 예수와 제자들이 가버나움에 갔을 때 성전세를 거두는 이들이 베드로에게 성전세를 요구한다. 예수는 베드로에게 호수에 가서 낚시해 고기를 잡아 입을 열어 보라고 말한다. 그러면 동전 한 닢을 발견할 것이고 그것으로 성전세를 내라고 한다.

그림의 중앙에는 예수가 베드로에게 호숫가에 가서 물고기를 잡으라고 명령하는 모습이 예수의 얼굴과 함께 그려져 있다. 세리로 보이는 징수원이 등을 보이고 있고, 예수의 주위를 둥그렇게 열두 제자들이 둘러싸 있다. 예수는 손짓으로 호숫가를 가리키고 베드로는 오른손으로 응답한다.

맨 왼쪽 구석에 겉옷을 벗고 물고기를 잡는 베드로의 모습이 조그맣게 그려져 있다. 오른쪽엔 베드로가 세금 징수원에게 세금을 내는 모습이 그려져 있다. 중앙의 배경이 산과 나무인 것에 비해 오른쪽은 건물을 배경으로 다른 시간과 공간임을 암시한다.

예수와 열두 사도들의 표정을 생생하게 묘사해서 자연스럽게 실제의 사건처럼 느껴졌다. 시간과 공간이 다른 세 가지 사건을 하나의 화면 안에서 동시적 사건으로 표현했다.

중앙의 왼쪽 벽 아래에 〈그림자로 병자를 치유하는 베드로〉가 있
다. 비스듬한 벽이 그려진 거리에서 베드로는 요한과 함께 길을 걸
어가고 그의 그림자가 벌거벗은 노인과 다리가 불편해 누워있는 병
자에게 비춘다. 뒤에 그려진 두 사람은 이미 치유의 기적을 받았는
지 감사기도를 드리고 있다. 인물 배치와 벽을 통해서 깊이감이 강
조됐다.

[사진 42] 마사초, 〈그림자로 병자를 치유하는 베드로〉

　중앙 벽 오른쪽 아래에는 〈베드로의 자선과 아나니아스의 죽음〉
이 그려져 있다. 베드로가 아기를 품에 안은 여인에게 자선을 베푼
다. 장애인과 가난한 사람들이 베드로와 요한의 주위를 둘러싸고 있
다. 맨 앞에 베드로의 발치 아래 아나니아스가 죽어서 누워있다. 아
나니아스는 그림 전면에 있어 그림의 깊이감을 강조한다. 주변 인물
들의 표정에는 공포, 슬픔 등의 감정이 사실적으로 묘사되어 있다.
인물들의 옷 주름과 윤곽선이 뚜렷하다.

중앙의 오른쪽 위에는 마사초의 〈회심자의 세례〉가 그려져 있다. 베드로가 그릇으로 물을 부어 세례를 주는데, 바닥은 얕은 물이 일렁인다. 무릎 꿇은 세례자의 머리와 속옷이 물에 젖은 모습을 섬세하게 묘사했다. 뒤의 세 사람 중 왼쪽은 세례를 마치고 푸른색 옷을 입고 마무리한다. 중앙에 있는 사람은 세례를 위해 옷을 벗고 있고 맨 오른쪽 사람은 추위에 떠는 모습이다. 베드로가 세례를 주는 모습을 다양한 인물들로 구체적으로 묘사했다.

마사초는 인물들의 윤곽선이 뚜렷하다. 얼굴 표정도 풍부하고 독특해서 다른 작가의 인물들과 구별된다. 산타 마리아 노벨라 성당의 〈성 삼위일체〉를 봤을 때, 서양 회화사에서 근대적인 원근법을 최초로 사용한 화가로만 알았다. 브랑카치 예배당에 있는 베드로의 연작 프레스코화를 보면서 마사초에 관한 생각이 달라졌다. 그는 20대의 나이에 혜성처럼 등장해서 사라진 천재 화가였다. 만약 그가 오래 살았다면 서양 회화사가 달라졌을 것 같았다. 미켈란젤로, 다빈치, 라파엘로 등 르네상스 거장들은 브랑카치 예배당에서 마사초의 프레스코화를 모사했다.

마사초는 르네상스 대가들의 스승이었고 근대 서양 회화사의 시작이었다.

마사초의 그림을 보면 다른 공간과 시간이 하나로 얽혀 있는 것을 볼 수 있다.

산 마르코 수도원

고요한 독방의 빛

두오모에서 동쪽으로 한참 걷다 보면 산 마르코 수도원이 나온다. 이곳에 온 것은 프라 안젤리코(Fra Angelico)의 프레스코화를 보기 위해서였다. 프라 안젤리코는 그림을 그리는 수도사였고, 피렌체 근교 피에졸레 출신으로 산 마르코 수도원에도 상당 기간 머물렀다. 부드럽고 온화한 성격으로 그림 그리는 일을 수도사의 신앙 생활로 생각했다. 수도원에서 지내는 동안 곳곳을 신앙을 주제로 한 프레스코화로 장식했다. 이곳이 프라 안젤리코의 미술관처럼 된 까닭이다.

수도원은 원래 베네딕토 수사들이 거처한 곳이었다. 수사들이 부패하고 타락하자, 교황의 명령으로 개혁적이고 청빈한 도미니코 수사들의 거처가 되었다. 도미니코 수도회는 학문과 이성의 탐구를 중시했다. 설교를 주된 사명으로 했기 때문에, 성경과 신학에 대한 이해가 필수적이었다.

수도원의 증축이 필요해지자 교황은 망명에서 돌아온 메디치가의 코시모에게 증축 후원을 부탁했다. 코시모는 자신이 아끼는 건축가 미켈로초에게 수도원 증축을 의뢰했다. 미켈로초가 건축을 맡고 프라 안젤리코가 프레스코화 등 내부 장식을 맡아 1443년 완공되었다.

교황의 수도원 개혁과 망명에서 돌아와 대중적 지지가 필요한 코시모의 정치적 계산이 맞아떨어진 프로젝트였다. 그래서 수도원은 메디치 가문의 영향력이 짙게 배어있다. 제2의 산 로렌초 성당인 셈이다.

수도원으로 들어가면 성 안토니오 회랑이 보인다. 잔디가 깔린 사각형 중정에 분위기가 고요하고 차분해서 도심에 지친 여행객들이 휴식을 취하기 좋다.

중정 난간에 걸터앉아 한참 동안 있었다. 회랑 모퉁이에는 프라 안젤리코의 프레스코화 〈십자가를 경배하는 성 도미니코〉가 자리 잡고 있다. 십자가를 무릎 꿇고 부둥켜안은 성 도미니코는 매우 경건하게 표현되어 있다. 수도사들은 수도원의 입구에 들어설 때마다 이 프레스코화를 마주했다. 도미니코 수도원이라는 정체성을 마음속 깊게 담게 되는 프레스코화이다.

프레스코화 옆으로 조금 가면 사제단 회의실이 나온다. 벽은 프라 안젤리코의 〈십자가에 못 박힌 예수와 성인들〉이 가득 채우고 있다. 십자가에 못 박힌 예수를 중심으로 회개하는 죄수와 그렇지 못한 죄수가 대조적으로 달려있다. 아래에는 마리아와 성인들이 그려져 있다.

그림 배경의 하늘은 원래 푸른색이었으나 세월이 흘러 색이 벗겨져 바탕색인 회색과 붉은색이 그대로 드러났다. 바탕색은 초현실적이고 극적인 분위기를 자아내며 예수의 고통을 잘 드러낸다.

VIRGINIS INTACTE CVM VENERIS ANTE FIGVRAM PRETEREVNDO CAVE NE SILEATVR AVE

사제단 회의실을 나와 2층으로 올라갔다. 1층에서 2층으로 올라가는 유일한 통로인 계단 끝에는 유명한 〈수태고지〉가 커다랗게 그려져 있다. 매일 수도사들은 계단을 오를 때마다 이 그림을 보며 속세에서 벗어나 신앙의 공간으로 들어가는 관문처럼 여겼을 것이다.

가브리엘과 마리아는 소박한 옷차림을 하고 있다. 다른 화가들의 화려한 묘사와 달리, 프라 안젤리코는 마리아를 잉태 소식을 담담히 수용하는, 겸손하고 우아한 모습으로 표현했다. 이는 매일 묵상해야 하는 수도사들을 위한 그림이었기 때문이다. 그는 빛의 방향까지 고려해서 그림을 그렸다. 시간에 따라 변화하는 빛의 색깔과 그림자가 〈수태고지〉를 더욱 신비롭고 영적으로 느끼게 했다.

산 마르코 수도원의 2층에는 40여 개의 수도사들이 거처하는 독방이 길게 늘어서 있다. 이 수도원의 가장 독특하고 감동적인 공간이다. 돌과 석회로 마감된 벽, 침대 하나와 작은 책상 정도만 놓인 최소한의 공간이다.

조그마한 창문이 있는 독방도 있지만, 아예 창도 없고 천장이 복도와 개방된 독방들도 많아 수도승들의 엄격한 수행을 보여준다.

극한의 침묵 속에서 영성을 추구하는 수도사들의 삶을 담은 영화 〈위대한 침묵〉이 떠올랐다. 영화 속 수도사들은 외부 세계와 완전히 단절된다. 기도, 노동, 독서 외에는 일절 말이나 접촉을 허용하지 않으며 절대 고독을 견딘다. 이곳 산 마르코 수도원 역시 영화 속 수도원처럼 고요한 고독의 공간이었다.

프라 안젤리코는 독방에 예수의 탄생, 수난과 부활을 주제로 40여 개의 프레스코화를 그렸다. 이 그림들은 예술 작품이 아니라, 수도 사들이 고독한 공간에서 묵상에 전념할 수 있도록 그린 그림이다.

[사진 46] 산 마르코 수도원 독방

먼저 동쪽 복도로 갔다. 이곳의 프레스코화는 주로 예수의 탄생과 부활의 신비를 다룬다. 첫 번째 방에는 〈나를 붙잡지 마라〉가 그려져 있다. 부활한 예수가 세상에 처음 나타난 모습을 묘사했다. 예수는 오른손으로 마리아를 막고, 자신을 붙잡지 말고, 제자들에게 가서 부활 소식을 알리라고 말한다.

세 번째 방에는 〈수태고지〉가 특이하게 그려져 있다. 가브리엘은 팔짱을 끼고 서 있고, 마리아는 공손하게 몸을 숙이고 순종의 표시로 양팔을 가슴에 감싸고 있다. 마리아는 매우 어리고 어린아이 같은 얼굴을 하고 있다. 배경은 빛으로 가득 찬 실내 공간으로 아무런 장식이 없다. 마리아의 분홍색 옷과 천사의 자두색 옷은 새벽을 떠올리게 한다. 새벽빛을 받은 〈수태고지〉는 푸른색이 감돌며 무척 신비로웠을 것이다.

2층 입구에서 오른쪽으로 북쪽 복도가 펼쳐져 있다. 이곳 중앙에 미켈로초가 설계한 도서관이 나타난다. 이곳은 서양 최초의 르네상스 공공 도서관으로, 수도사뿐만 아니라 학자들에게도 개방되었다. 도서관은 코린트식 기둥이 떠받치고 있는, 길고 넓은 직사각형 복도 형태이다. 단순하고 명확한 형태의 르네상스 양식을 보여준다. 자연광이 중요한 역할을 하는데, 이성을 탐구하는 공간의 밝은 분위기를 연출한다. 독방이 영성을 묵상하는 공간이라면, 도서관은 합리적 이성을 추구하는 공간이다. 청빈함 속에서도 학문과 이성을 중요시하는 도미니코 수도회의 정체성을 상징한다.

북쪽 복도의 프레스코화는 동쪽 복도에 비해 예수의 수난과 공생애를 신학적 서사로 표현한 작품들이 많다. 〈산상수훈〉, 〈끌려가는 예수〉, 〈겟세마네 동산의 기도〉 등이 이어진다.

북쪽 복도의 끝에는 코시모의 방이 있다. 2층으로 된 방은 1층에는 〈예수 십자가의 수난〉이 그려져 있고 계단으로 연결된 2층에는 〈동방박사의 경배〉가 그려져 있다.

메디치 가문의 정치적 상징성을 보여주는 그림이다.

코시모의 방 주변에 15세기 피렌체의 정치적 격동기에 수도원 원장이었던 사보나롤라의 특별한 방이 있다. 프레스코화로 장식한 독방과 다른 매우 금욕적인 분위기를 나타낸다. 사보나롤라는 수도원을 근거지로 피렌체에서 부패하고 무능한 메디치가를 추방했다. 그 후 그는 극단적인 개혁을 열정적으로 추구하다가 이단으로 몰려 시뇨리아 광장에서 화형에 처해졌다. 그의 조그만 방에는 초상화와 함께 그가 쓰던 책상과 유품이 보관돼 있다. 종교적 열정으로 세상을 바꾸려 했던 한 인간의 비극적 숙명에 대한 복잡한 감정이 교차했다.

수도원에서 아름답고 은은한 프레스코화를 많이 접할 수 있었다. 색채가 강렬하지도 않고 주제가 극적이지도 않지만, 소박하면서도 따뜻한 프라 안젤리코의 프레스코화가 오래 기억에 남는다. 프레스코화를 보면서 독방에서 묵상했던 많은 수도승들의 일상이 눈앞에 떠올랐다. 산 마르코 수도원은 청빈한 영성과 합리적 이성, 개혁에 대한 열정이 복잡하게 얽혀있는 곳이다.

수도원을 나와 근처에 있는 스칼초 수도원으로 갔다. 스칼초 수도원은 우리말로 '맨발의 수도원'이다. 청빈을 강조하는 수도원이어서 그런 이름을 지은 것 같다. 수도원에는 안드레아 델 사르토가 그린 프레스코화가 있다. 특이하게 처음 보는 흑백 프레스코화로 세례 요한의 일생을 주제로 그린 그림이다.

사르토의 프레스코화가 있는 공간은 조그마한 공간이었다. 아담하면서도 무척 조용한 공간이었다. 더구나 관람객이 우리밖에 없어서 더욱 편안했다. 사방의 벽은 세례 요한의 일생 12장면이 차례로 그려져 있었다.

　세례 요한의 흑백 프레스코화는 마치 한편의 흑백영화를 본 것 같았다. 흑백영화는 낡았지만 담백하고 서정적인 느낌을 준다. 더구나 수도원 안뜰 내부가 고요하고 밝아서 그림들의 인상이 깊게 남았다.

　수도원을 나와 산타 안눈치아타 광장으로 향했다. 그곳에는 전망 좋은 '카페 델 베로네'가 있다. 엘리베이터를 타고 올라가 카페에 들어가면 두오모와 종탑의 아름다운 풍경이 갑자기 눈앞에 펼쳐진다. 두오모와 카페가 가까운 거리에 있어서 풍경이 가까이 다가오는 느낌이었다. 측면으로는 산타 크로체 성당 쪽의 녹색 지붕의 유대인 회당도 보였다.

아내와 난 운 좋게 전망 좋은 자리에 앉아 시칠리아산 레모네이드와 에스프레소를 마셨다. 상큼한 시칠리아산 레모네이드가 여행의 피로를 풀어줬다.

카페에서 한가하게 커피를 마시는 시간은 여행에 활기를 준다. 잠시지만 여행을 잊어버리고 풍경 속에 나를 맡기는 시간이다.

12

루카와 피사

시간이 쌓인 지층, 불완전의 미학

오늘은 루카와 피사를 당일치기로 갔다 왔다. 피렌체에서 루카는 기차로 1시간 30분 정도 루카에서 피사까지 30분 정도 걸리니까, 서두르면 하루에 두 도시를 볼 수 있을 것 같았다.

아침 9시 30분쯤 루카에 도착했다. 도착하면 바로 보이는 것이 도시를 둘러싸고 있는 약 4킬로미터의 성벽으로 루카의 랜드마크이다. 성벽 안쪽으로 구도심이 파노라마처럼 펼쳐진다. 지금은 성벽 산책로가 조성되어 있어 산책하거나 자전거를 탈 수 있다. 성벽은 안과 밖을 나누는 경계선으로, 모든 변화로부터 루카를 지켜온 방벽이다.

도시의 관문 산 피에트로 문을 거쳐 루카로 들어갔다. 조금 걷다 보면 메인 광장 나폴레옹 광장이 나타난다. 루카에 왜 나폴레옹의 이름이 나올까 궁금했다. 루카는 19세기까지 공화국으로서 독립 국가를 유지했다. 독립을 유지했다는 것은 조그마한 도시 국가가 강력한 정치적 문화적 정체성이 형성됐다는 것을 의미한다. 1799년 나폴레옹에 의해서 함락되고 그의 여동생 엘리자 바치오키의 통치를 받아서, 광장 이름이 나폴레옹 광장이다.

나폴레옹 광장에 연결된 조그마한 질리오 광장이 있다. 루카는 오페라 작곡가 푸치니의 고향이다. 그래서인지 질리오 광장에는 그의 이름이 들어간 오페라 하우스 '질리오 자코모 푸치니 극장'이 있다.

푸치니 극장답게 광장에는 푸치니의 알파벳으로 만든 꽃 화분이 장식하고 있었다. 놀라운 것은 루카에 이런 극장이 네 개나 있다는 것이다. 크지 않은 도시에 극장, 대학교, 박물관이 즐비했다. 루카는 단순한 성벽 도시가 아니라, 문화 예술 도시이기도 했다.

질리오 광장에서 좁은 골목길을 따라가면 산 마르티노 성당이 나온다. 루카의 두오모 성당이다. 루카는 '100개의 성당을 가진 도시'로 알려져 있다. 그만큼 가톨릭의 영향이 강한 도시였다는 뜻이다.

성당의 전면부는 흰색과 회색, 분홍색의 대리석으로 장식되어 있다. 아래 세 개의 커다란 아치가 있고 위는 여러 개의 얇은 기둥이 있는 세 개의 층으로 이루어졌다. 화려하게 장식된 토스카나 로마네스크 양식을 보여준다.

성당 주변에 산 미켈레 포로 성당이 있는데 고대 로마의 포로(Foro)가 있던 자리에 8세기에 세운 성당이다.

성당의 파사드는 섬세하고 화려해서 두오모와 비슷한 느낌이었다. 꼭대기에 있는 4미터 크기의 대천사 미켈레가 용을 창으로 찌르고 있는 조각상이 압도적이다. 전설에 따르면 천사 미켈레는 손에 커다란 다이아몬드를 들고 있고 옆을 호위하는 나팔을 부는 천사는 녹색 에메랄드로 장식됐다고 한다.

중세 시대에는 산 미켈레 포로 성당과 광장이 정치와 생활의 중심지였다. 그래서인지 지금도 이곳이 두오모보다 번화가인 것 같았다.

성당을 나와 귀니지 탑으로 갔다. 루카는 산지미냐노처럼 많은 탑으로 유명했던 도시이다. 많을 때는 250여 개의 탑이 있었다고 한다. 탑은 루카의 귀족 귀니지 가문이 세운 45미터의 높은 탑이다. 계단을 올라가면 500년 된 일곱 그루의 참나무 정원이 있고 붉은 지붕의 아름다운 루카의 풍경이 360도 파노라마처럼 보인다. 참나무 정원은 사람이 많은 데다 탑 보존 공사를 하느라 겨우 한 사람 빠져나갈 공간밖에 없었다. "어떻게 탑 꼭대기에 참나무를 심을 생각을 했을까?" "탑 꼭대기에서 햇볕을 피하고 시원하게 루카 전망을 보려고 그랬을까?" 하는 단순한 생각이 들었다.

탑을 내려와서 다시 필룽고 거리를 걸었다. 필룽고 거리는 루카의 관광, 상업, 공예의 상징적인 거리로, 하루에도 몇 번씩 지나가기 마련인 작고 북적이는 길이다.

거리 북쪽 끝에서 오른쪽으로 꺾자 갑자기 탁 트인 안피테아트로 광장이 나타났다. 광장은 2세기 로마 시대 원형 경기장이 있던 자리이다. 시간이 흐르며 타원형 광장으로 변했고, 지금은 루카의 가장 상징적인 공간이다. 한때 검투사와 관객의 함성으로 가득 찼던 장소는, 이제 카페와 레스토랑으로 둘러싸여 있어 전혀 다른 분위기를 연출한다. 광장은 로마 시대의 흔적이 도시의 바탕에 깔려 있음을 보여준다.

안피테아트로 광장을 나와 다시 필룽고 거리를 거쳐 푸치니의 생가로 갔다. 푸치니는 22세까지 루카에서 살았다. 푸치니의 생가는 지금은 박물관으로 쓰고 있다. 그 앞에는 오른손으로 담배를 쥐고 앉아 있는 푸치니의 동상이 있다.

점심때가 되어 적당한 레스토랑을 찾기로 했다. 루카는 생각보다 맛있는 레스토랑이 많다. 그러나 아내는 피자를 먹고 싶다고 했다. 그러기로 하고 골목길을 헤매다가 피자집을 발견했다. 어쩐지 맛이 없을 것 같았지만, 아내가 들어가자고 해서 어쩔 수 없이 가게로 들어갔다. 가게 이름은 피자 다 펠리체(Pizza da Felice)였다. 우리말로 행복 피자 정도였다. 크지 않은 가게 안은 피자를 먹는 사람들로 가득 찼다. 관광객은 거의 없고 현지인들이 많았다. 피자 다 펠리체의 피자는 화덕피자이다. 가족으로 보이는 두 사람이 운영하고 있었는데 젊은 남자는 화덕에서 계속 피자를 굽고 있고 나이 든 여자는 서빙과 카운터를 맡고 있었다.

화덕에서 마르게리타 피자를 계속해서 구워내면 손님들이 토핑으로 각종 살라미, 버섯 등을 선택할 수 있다. 우리는 마르게리타 피자를 시켰다. 도우는 얇고 바삭했다. 얹힌 토마토는 싱싱하고 새콤했다. 그냥 심플한 피자였는데 너무 맛있어서 추가로 한 판씩 더 시켰다.

가게 벽을 보니 오래된 신문 스크랩이 붙어 있었다. 이탈리아어라 잘 모르겠지만 아주 오래된 노포 가게이고 가족이 대대로 운영하는 피제리아라는 내용인 것 같았다. 루카에서 이렇게 맛있는 피자를 먹게 될 거라곤 꿈에도 생각 못 했다. 이탈리아 여행 중 가장 맛있었던 피자였다.

루카에서 30분 정도 걸려 피사로 가는 2시 30분 기차를 탔다. 피사 산 로소레역에서 내려 피사 미라콜리 광장으로 갔다. 가는 길에 라일락꽃이 흠뻑 피어 있어 라일락 향기가 코끝을 찔렀다.

피사는 지중해를 주름잡던 해양 공화국이었다. 일찍이 지중해 무역 패권을 잡아 베네치아와 제노바와 경쟁을 하던 도시였다. 11세기 피사의 국부는 절정에 달했으나 피렌체와의 전쟁에 패해서 피사는 피렌체에 병합됐다. 피사는 교육 도시로도 유명한데 피사 대학교는 유럽에서 오래된 대학 중 하나이다. 갈릴레오 갈릴레이도 피사 대학교 출신이다. 오랜 역사와 문화를 자랑하는 피사는 2차 세계대전 때 연합군 공습으로 도시의 50%가 파괴된 아픈 기억을 가지고 있다.

미라콜리 광장에 도착했다. 파란 하늘과 넓은 잔디밭을 배경으로 하얀 대리석 건물들이 곳곳에 있었다. 두오모, 사탑, 세례당 등이 야외 건축 박물관처럼 자리 잡고 있었다. 먼저 피사의 사탑(Torre Pendente)으로 갔다. 근처에서 탑을 손으로 기울어지는 것을 막는 듯한 포즈로 사진을 찍는 사람들로 북적였다.

피사의 사탑은 두오모의 종탑으로 짓기 시작했다.

그런데 공사를 시작한 지 5년 만에 부드러운 지반 때문에 탑이 기울어져 거의 1,000년 동안 건축가들의 머리를 아프게 했다. 흥미롭게도 탑은 네 번의 강진을 모두 견뎠는데, 부드러운 지반이 완충 역할을 했다고 한다.

이 탑은 또한 갈릴레오가 탑 위에서 서로 다른 질량의 물체로 낙하해서 중력 실험을 했다고 전해진다. 2차 세계대전 때는 연합군이 탑을 독일군이 관측소로 사용한다고 의심해서 파괴하려고 했다. 그러나 독일군의 존재를 확인하기 위해 파견된 미군 상사가 탑의 아름다움에 감명받아 파괴를 면했다. 어쨌든 우여곡절이 많은 탑이다.

피사의 사탑은 인간이 만든 불완전성이 역으로 오랜 시간에 걸쳐 포기하지 않고 끊임없이 노력하게 만드는 원동력이라는 것을 보여 준다. 불완전성이야말로 또 다른 매력의 원천이 되기도 한다. 만약 피사의 사탑이 처음부터 기울지 않고 똑바로 서 있었다면 지금처럼 사람들의 관심을 가질 수 있었을까?

나선형 계단을 걸어서 탑의 꼭대기에 올라갔다.

꼭대기에는 7개의 종이 있는데 각 종은 음계마다 하나씩 있다. 탑 위에선 두오모와 세례당이 시원하게 보였고 피사 시내의 모습도 볼 수 있었다.

그런데 문제가 생겼다. 고소공포증이 있는 아내가 철조망 아래 주저앉은 것이었다. 부축해 줄 테니까 탑 꼭대기 주위를 돌자고 했다. 360도 파노라마 뷰를 보기 위해서이다. 겨우 진정해서 좁은 통로를 거의 반쯤 돌고 있는데 앞에서 말 울음소리 비슷한 신음소리가 들렸다. 히잉하는 소리에 긴장해서 조심하며 코너를 돌았다. 그때 1미터 90센티미터쯤 되는 건장한 청년이 철조망을 붙잡고 까치걸음으로 탑 주위를 돌고 있었다. 그도 너무 무서워서인지 신음소리를 내다가 우릴 발견하고 깜짝 놀랐다. 좁은 외나무길에서 서로 만난 것이었다. 착한 청년은 곧바로 포기하고 절망하면서 오던 길로, 다시 까치발로 되돌아갔다. 웃음이 나오려고 했지만, 꾹 참았다. 지금도 생각하면 그 친구한테 미안한 마음이 든다.

사탑을 내려와서 두오모, 피사 대성당으로 갔다.

피사 대성당은 같은 해양 국가인 베네치아의 성 마르코 대성당과 경쟁해서 지은 것이다. 피렌체도 피사 성당에 버금가는 성당을 짓겠다고 피렌체 두오모를 건축했다. 피사 두오모는 피사의 성곽 밖에 지었다. 외부의 침입에 대해 두려움이 없는 해양 국가의 자신감을 보여준다.

피사 두오모의 건축 과정은 왼쪽 문 안쪽에 라틴어로 새겨져 있다. 1063년 조반니 올란디 백작이 이끄는 막강한 피사 해군이 시칠리아의 팔레르모를 공격하고 약탈했다.

배에 약탈한 귀중한 보물을 가득 싣고 피사로 돌아와서 약탈한 보물로 두오모의 건축 자금을 충당했다.

두오모의 파사드는 눈부시게 하얗게 빛났다. 흰색과 회색 대리석으로 만들고 여러 가지 색깔의 대리석으로 상감을 했다. 루카의 성당처럼 토스카나 로마네스크 양식의 특징을 보여준다.

두오모의 내부는 다른 문화와 접촉이 많았던 피사의 역사를 반영하여 여러 나라의 양식이 공존했다. 중앙 돔의 반구와 모자이크는 비잔틴 양식, 기둥은 이슬람 문화의 영향을 받았다. 특히 나무로 격자무늬를 만들고 금박을 입힌 천장은 무척 아름다웠다. 성당 안 왼쪽에는 조반니 피사노가 조각한 걸작 설교단이 있다. 설교단의 여덟 면에는 예수의 일생을 수태고지부터 십자가형, 최후의 심판까지 표현되어 있다. 각각의 에피소드는 매우 복잡하고 정교하게 조각되어 있는데, 면마다 중앙이 둥그렇게 돌출되어 하나의 원형 띠처럼 보였다.

두오모를 나와 바로 앞에 있는 세례 요한 세례당으로 갔다. 세례당은 원통형으로 건축되어 있고 세계에서 가장 큰 세례당이다. 둘레만 해도 107미터이다. 아래 원통 부분은 로마네스크 양식으로 풍부한 장식의 아치가 있다. 지붕은 고딕 양식으로 원형의 돔을 이중으로 겹쳐놓았다.

　세례당은 원래 천장이 뚫려있다고 한다. 천장에서 빛이 쏟아져 내려 팔각형의 세례반에 바로 비췄다고 한다. 세례를 처음 받은 사람들은 빛 때문에 매우 독특한 경험을 했을 것이다. 세례당은 내부의 공명이 좋아서 음향 효과가 특별히 뛰어나다. 뛰어난 음향 효과를 스탭이 나와 30분에 한 번씩 시연한다. 스탭이 세례반 옆에서 목소리만으로 마이크 없이 허밍을 한다. 목소리가 매우 울림이 좋아 세례당 내부를 아름답게 가득 채운다.

　세례당을 나와 죽은 자들의 도시 캄포산토로 갔다. 캄포산토는 성지를 의미하며 성당에 딸린 납골당으로 생각보다 규모가 컸다.

캄포산토 외벽은 하얀 대리석 건물로 되어 있다. 12세기 십자군 전쟁 때 골고다 언덕에서 가져온 흙을 묻어서 지었고, 피사의 유명한 인물들이 묻혀 있는 곳이다. 캄포산토의 벽에는 넓은 면적의 프레스코화가 연속적으로 그려져 있다.

미라콜리 광장을 떠나며 한 가지 의문이 들었다. 왜 피사 공화국은 도심과 한참 떨어진 이곳에 성당과 세례당 같은 중요한 건축물을 지었을까? 이 건축물들이 단지 전시적 목적으로 지어진 것은 아니었을까?

건축물은 얼마나 웅장한가보다는, 어떤 역사적, 종교적 맥락으로 존재하느냐가 더욱 중요한 것 같다.

미라콜리 광장에 여러 가지 의문을 남기고 피렌체로 향하는 기차를 탔다.

아레초와 피에로 델라 프란체스카

원근법에 숨겨진 신비의 서사

아레초(Arezzo)는 피렌체에서 기차로 한 시간 거리이다. 아레초는 두 번째 방문이다. 아레초에 다시 가는 가장 큰 이유는 지난번 감동했던 피에로 델라 프란체스카의 프레스코화 〈성 십자가의 전설〉을 아내에게 보여주고 싶어서이다.

아레초는 토스카나에서 11세기에 이미 독립 국가를 이루고 있었다. 무역을 중심으로 부를 축적하여 문화 예술의 중심지가 되었다. 황제파였던 아레초는 교황파인 피렌체와 끊임없이 갈등을 빚었다. 그러다가 아레초는 피렌체로 병합되었다. 아레초의 가장 큰 문화적 유산은 피에로 델라 프란체스카의 프레스코화와 바사리의 건축물이다.

역에서 빠져나와 잠깐 걷다 보면 동상이 하나 나온다. 귀도 모나코의 동상이다. 귀도 모나코는 신부이면서 중세 음악 이론가로 도레미파솔라시도 표기법으로 유명하다.

대로를 따라 쭉 걷다가 오른쪽으로 빠지면 산 프란체스코 성당이 바로 나타난다. 산 프란체스코 성당은 크지 않은 소박하고, 전면부도 거친 외벽을 그대로 살린 수수한 느낌의 성당이었다.

'성 십자가의 전설'은 13세기 〈황금 전설〉에 나오는 이야기로, 예수를 못 박은 '성 십자가'를 찾는 여정의 서사이다. 아담의 입에서 자란 나무가 십자가 나무로 되었다는 전설에서 시작해서, 성녀 헬레나가 십자가를 찾아내는 과정을 그린다.

이 프레스코 벽화를 처음 접한 것은 영화 〈잉글리시 페이션트〉(English Patient)를 통해서였다. 2차 세계대전을 배경으로 화상을 입은 주인공 알마시가 자신의 비극적인 사랑을 간호사 해나에게 들려주는 영화이다.

영화에서 간호사 해나는 지뢰 제거병 시크교도 킵과 사랑에 빠진다. 킵은 해나를 오토바이에 태우고 아레초의 산 프란체스코 성당으로 간다. 성당 안에서 밧줄로 그네를 만들고 조명탄을 밝혀 성당 내부의 어둠을 밝힌다. 킵은 해나를 그네에 태우고 춤추듯 움직이면서 피에로 델라 프란체스카의 프레스코 벽화를 보여준다. 부드러운 음악이 흐르는 이 장면이 너무 아름다워서 기회가 되면 꼭 그 성당에 가서 프레스코화를 봐야겠다고 마음먹었다.

　　성당 안은 어둡고 고요했다. 별다른 장식이 없는 작은 성당의 커다란 나무 십자가 뒤편 벽에 그림이 그려져 있었다. 좁은 사각형 공간에서 보는 그림은 사건을 시간 순서대로 나열하지 않았다. 대신 벽의 구조와 대칭을 고려하여 그림을 배치했다. 피에로는 시간의 흐름을 멈춰 세우고 새로운 질서를 가진, 자신만의 회화적 공간을 창조했다.

　오른쪽 벽 맨 위에는 〈아담의 죽음〉이 그려져 있다. 병든 아담이
숨을 거두고 그의 아들 셋이 천사 미카엘에게서 받은 나뭇가지를 아
담의 입에 꽂아 장례를 치르는 모습이다. 나중에, 이 나뭇가지는 자
라서 '성 십자가의 나무'가 된다. 그림 안에는 세 가지 시간이 겹쳐 있
다. 오른쪽에 늙고 병든 아담이 아들 셋에게 천사 미카엘을 찾아가
'자비의 기름'을 구해오라고 시키는 장면이다. 멀리 배경에는 아들
셋이 천사 미카엘로부터 나뭇가지를 건네받는 장면이 조그맣게 그
려져 있다. 왼쪽에 아담이 숨을 거두고 장사 지내는데, 아들 셋이 아
담의 입에 나뭇가지를 심는다. 그 나무가 자라나 '성 십자가의 나무'
가 된다. 중앙에 있는 커다란 나무는 이 모든 시간을 잇는 상징이다.

피에로는 〈아담의 죽음〉을 기하학적 질서로 표현했다. 나무를 중심으로 한 삼각형 구도는 그림에 안정감을 주고, 인물들은 좌우대칭으로 깊이감 있게 배치돼 있다. 아담을 중심으로 인물들이 겹치지 않고 정돈되어 있어, 장면 전체가 차분한 균형을 이룬다. 인물들은 조각상처럼 보이고 얼굴 표정에서 감정은 거의 드러나지 않는다.

〈아담의 죽음〉 바로 밑에 그려져 있는 〈시바의 여왕의 경배와 솔로몬과의 만남〉은 두 가지 에피소드를 건물 기둥으로 구분했다. 시바의 여왕은 나무에 구세주가 매달릴 것이라는 계시를 받고 다리를 건너지 않고 무릎 꿇어 경배한다. 이후 솔로몬을 만나 예언을 전달한다. 기둥 왼쪽의 커다란 나무 두 그루는 성 십자가의 나무를 상징하고 오른쪽은 르네상스 건물의 내부처럼 보인다. 특히 솔로몬의 화려한 문양이 그려진 금빛 의상과 시바의 여왕의 주름 잡힌 흰색 의상이 눈길을 끈다. 이 그림 역시 인물들이 정교하게 배치되어 질서정연하다.

피에로는 시간이 다른 두 사건을, 벽을 중심으로 나란히 배치했다. 서로 다른 이야기가 하나의 의미로 이어지게 하기 위해서이다.

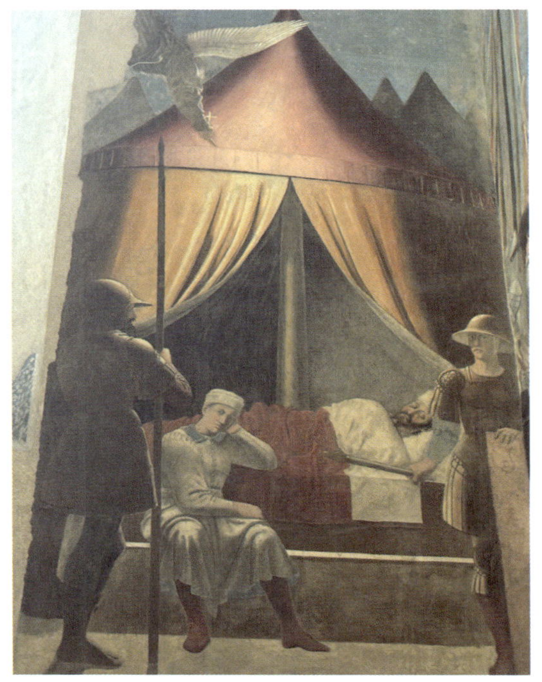

중앙 벽 아래에 〈콘스탄티누스의 꿈〉이 그려져 있다. 얼핏 보면 매우 평범한 그림이다.

어두운 군막에서 콘스탄티누스가 잠자고 있다. 왼쪽 천막 위로 십자가를 든 천사가 보인다. 십자가의 초자연적 빛은 텐트의 상단과 잠자는 황제의 얼굴, 병사들의 갑옷을 환하게 비춘다.

빛이 닿는 부분과 어두운 부분을 정교하게 묘사해서, 인물들과 군막이 입체적으로 보인다.

원뿔형 텐트의 곡선과 중앙에 있는 기둥과 병사들의 수직선, 침상에 누운 황제의 수평선이 조화롭게 안정감을 준다. 전쟁 직전의 밤이지만 차분하고 고요하다. 이 장면은 무엇인가 큰 일이 일어날 것 같은 태풍 전야의 고요함처럼 느껴진다.

그런데 왼쪽 위에 갑작스럽게 나타난 천사의 역동적인 모습이 조화와 균형을 깬다. 콘스탄티누스의 현실과 꿈이 경계를 허물고 자연스럽게 한 장면이 된다.

〈콘스탄티누스의 꿈〉은 평범한 첫인상과는 달리 많은 이야기를 담고 있다.

[사진 58] 피에로 델라 프란체스카, 〈콘스탄티누스의 막센티우스에 대한 승리〉

〈콘스탄티누스의 꿈〉 오른쪽에 〈콘스탄티누스의 막센티우스에 대한 승리〉가 이어진다. 꿈이 현실이 된 밀비오 다리의 결전이다. 콘스탄티누스는 전투를 치르지 않고 전쟁에서 승리하길 바랐다. 같은 로마인의 피를 흘릴 수 없다는 이유이다. 막센티우스는 잘못된 자신의 계략에 빠져 다리를 건너다 익사한다. 콘스탄티누스는 전쟁에 이겨 로마 제국의 황제로 인정받는다. 그는 뜻대로 전투를 치르지 않고 승리한 것이다.

피에로는 콘스탄티누스가 오른손으로 십자가를 들고 있고, 막센티우스는 말을 타고 도망가는 모습으로 묘사했다.

이 그림을 보고 놀랐다. 전투 장면이 없는 전쟁 장면이었기 때문이다. 칼을 휘두르거나 피를 흘리는 격렬한 전투 장면이 없다. 황금 십자가를 중심으로 좌우로 콘스탄티누스와 병사들이 막센티우스를 쫓고 있는 모습이 질서정연하게 배치되어 있다. 전투의 결과가 물리적인 무력이 아니라 신의 의지에 의한 것임을 묘사한다. 이 그림에서도 인물들과 말은 역동적인 모습이 아니라 정지 화면을 보는 것 같다. 장면의 시간을 정지시켜 순간을 영원으로 바꿨다. 콘스탄티누스의 승리가 개별적인 인간의 힘이 아니라 신의 보편적이고 영속적인 섭리로 미리 결정됐음을 상징한다.

그림 앞에 서면 낯선 느낌이 든다. 함성과 혼란으로 가득 차야 할

전장이 오히려 고요하다. 고요함 속에서, 모든 움직임이 슬로우모
션처럼 펼쳐진다.

전쟁에서 이긴 콘스탄티누스는 어머니 헬레나에게 예수의 십자
가를 찾아오라고 예루살렘에 보냈다. 예루살렘에 간 헬레나는 우
여곡절 끝에 세 개의 십자가를 찾았다.

헬레나는 예수의 십자가와 도둑들의 십자가를 구분할 방법이 없
었기 때문에 예루살렘 도심에 십자가를 두고 '성 십자가'의 기적이
일어나길 기다렸다. 마침, 젊은이의 장례 행렬이 그곳을 지나가고
있었다. 첫 번째 십자가와 두 번째 십자가를 시신 위에 대었으나 아

무 일도 일어나지 않았다. 세 번째 십자가를 시신에 대자 죽은 젊은 이가 바로 살아서 일어났다. 마침내 헬레나가 '성 십자가'를 찾은 것이다.

피에로는 여기서도 시간의 흐름을 따르지 않는다. 시간이 다른 두 개의 에피소드를 한 장면에 배치한다. 왼쪽 그림은 '성 십자가'를 발견하는 장면이다. 헬레나가 보는 앞에서 인부들이 세 개의 십자가를 땅속에서 파내고 있다. 배경은 예루살렘이어야 할 공간이지만, 그림 속 도시는 아레초의 모습이다. 오른쪽은 〈성 십자가의 증거〉로 죽은 젊은이가 일어나는 모습이 그려져 있다. 배경은 〈성 십자가의 발견〉과 다른 르네상스 건축물이다. 헬레나를 중심으로 좌우대칭을 이루며 하나의 질서로 묶여있다. 서로 다른 시간이 하나의 공간에서 자연스럽게 만난다.

피에로에게 중요한 것은 사건의 순서가 아니라 의미였다. 그는 시간을 나열하지 않고, 겹쳐 놓음으로써 사건의 본질을 보여준다.

〈아담의 죽음〉으로부터 시작한 '성 십자가의 전설'은 마침내 〈십자가의 현양〉으로 마무리된다. 피에로는 원근법의 대가답게, 정교한 기하학적 질서를 모든 사건에 부여하여 그림을 질서정연하게 만든다. 더 나아가 그의 그림 속 인물들은 치열한 전쟁과 극적인 사건 한가운데에서도 감정의 동요가 없는 침묵을 유지한다. 피에로는 '성 십자가의 전설'이라는 종교적 서사를 질서와 침묵이 공존하는 르네상스 회화 최고의 걸작으로 승화시켰다.

'성 십자가의 전설' 사이클을 다시 보면서 프레스코화에 더욱 관심을 가지게 되었다. 수정이 가능한 유화와 달리, 주어진 시간에 단 한 번의 터치를 통해 그림을 완성해야 하는 프레스코화의 은은한 색감과 일회성에 매료되었다.

나아가 텍스트를 재구성하는 능력이야말로 대가에게 필요한 덕목임을 깨달았다. 과감한 생략과 강조를 통해 여러 에피소드를 정리해서 하나의 명료한 서사로 엮어내는 능력, 그 위에 창조적 상상력을 더하는 힘.

프라 안젤리코의 경건함과 피에로 델라 프란체스카의 신성한 침묵에 이르기까지, 이번 이탈리아 여행은 프레스코화의 매력에 깊숙이 빠졌다.

14

피에졸레

붉은 양귀비꽃과 황금빛 밀밭 언덕

피렌체에서는 늘 아침을 든든히 챙겨 먹었다. 매일 두오모가 보이는 창가에 앉아 빵과 과일을 먹으며 하루를 시작했다.

아내가 그만큼 신경을 많이 쓴 덕택이다. 장기 여행일수록 아침 식사가 중요하다는 것을 새삼 깨달았다. 아침 식사의 활기찬 리듬이 하루 종일 지속되기 때문이다.

오늘은 피렌체 근교 피에졸레(Fiesole)로 향했다.

이곳에서 바라보는 석양의 피렌체는 유난히 아름답다. 처음에 이곳에 왔을 때, 전망대에 오르지 못해, 이번엔 그 풍경이 더욱 궁금했다.

버스에서 내려 미노 광장에서 산 프란체스코 거리를 따라 조금 올라가면 전망대가 나온다. 전망대는 아름드리나무 그늘 아래 돌 벤치가 있는 곳인데, 이곳은 피에졸레에서 가장 전망이 좋다. 피렌체의 전경이 멀리서 펼쳐졌다. 항상 미켈란젤로 광장에서 피렌체를 보다가 북쪽에서 풍경을 보니까 새롭게 느껴졌다. 남쪽에서 본 피렌체는 가까운 곳에서 보기 때문에 모든 것이 또렷하다. 두오모, 종탑, 베키오 다리가 선명하게 클로즈업된다.

북쪽에서 본 피렌체는 멀리서 보기 때문에 형태가 부드럽게 흐려지고, 성당과 지붕, 길과 광장 등 모든 것이 붉은색 색채로 변한다.

같은 대상이라도 가까이서 보는 것과 멀리서 보는 것이 상반된 인상을 준다.

피렌체는 가까이에서 보면 화려하지만, 멀리서 보면 침묵 속에 가라앉아 있다.

멀리서 본다는 것은 단순히 공간의 거리뿐만 아니라 시간의 거리도 포함한다. 젊었을 때의 일들을 회상하는 것도 삶을 멀리서 보는 것이다.

피에졸레에서 보는 석양의 피렌체가 유난히 아름다운 이유는 노을빛과 도시의 장밋빛이 겹쳐지며, 시간의 흐름이 잠시 멈춘 듯한 느낌을 주기 때문이다. 그 순간, 피렌체는 풍경이 아니라 조용히 자신의 내면을 비춰주는 거울이 된다.

전망대 위쪽으로 조금 올라가면 성 프란체스코 수도원이 나온다. 높은 언덕 위에 자리 잡은 이곳은 차분하고 고적하다. 피렌체의 화려하고 웅장한 성당을 보다가 이곳을 보니까 마음이 차분하게 가라앉았다. 수도원 전체가 깊은 침묵으로 감싸여 있기 때문이다.

수도원 안으로 들어서면 분위기는 더욱 고즈넉해진다. 장미꽃이 피어있는 회랑이 있는데 조용하면서도 아름다웠다. 산 마르코 수도원에 프레스코화를 그렸던 프라 안젤리코도 이곳 수도원 원장으로 있었다. 그의 그림에서 느껴지던 고요한 빛과 깊은 침묵이, 수도원 곳곳에 아직 남아 있는 듯했다.

피에졸레 하면 빼놓을 수 없는 것이 영화 〈전망 좋은 방〉(A room with a view)이다.

피렌체에서 우연히 만난 루시와 조지는 일행과 함께 피에졸레로 당일치기 소풍을 간다. 붉은 양귀비꽃이 피어있는 황금빛 밀밭에서 루시는 이탈리아의 열정과 사랑에 이끌려 조지와 첫 키스를 한다.

그때 흐르는 음악이 푸치니의 아리아 〈도레타의 아름다운 꿈〉이다. 아리아의 내용도 주인공 도레타가 용기를 내서 부와 명예를 포기하고 진정한 사랑을 선택한다는 내용이다.

이 아리아를 들을 때마다 피에졸레가 생각난다.

피에졸레는 나에게 피렌체의 침묵이 드러나는 풍경, 산 프란체스코 수도원의 고요한 분위기, 그리고 조지와 루시의 운명적인 첫 키스가 함께 겹쳐지는 장소로 기억된다.

오전에 피에졸레 일정을 마무리하고 다시 피렌체로 돌아왔다.

오랜만에 여유가 있어서 쇼핑하기로 했다. 지난번 미술관 가이드 투어를 했을 때 참가자 중 한 사람이 티백을 들고 와서 차가 너무 맛있는데 어디서 살 수 있냐고 물었다. 가이드는 시뇨리아 광장 근처에 있는 '비아 델 떼'(Via del Tè)에서 살 수 있다고 했다. 아내는 커피를 마시지 않고 차를 좋아하니까 그곳으로 가기로 했다.

가게에 들어서니 오래된 밤색 나무 천장과 바닥, 앤티크한 찻잔과 소품들, 그윽한 찻잎의 향 등 노포의 분위기가 물씬 풍겼다. 아내는 허브티를 좋아하니까 종업원에게 허브티를 추천해달라고 했고, 종업원은 몇 가지 차를 추천했다. 아내는 그중 닌나 난나와 진저 레몬 허브티, 루이보스 바닐라 크림을 골랐다.

　'비아 델 떼'의 차는 티백에 담겨 있는데 티백이 면으로 되어 있어 마시기에 편했다. 여기서 사 온 차를 피렌체에서 매일 아침 마셨다. 사 온 차 중 제일 맛있던 차는 닌나 난나라는 자장가라는 뜻을 가진 허브차였다. 향긋한 차를 마시며 보내는 아침 시간은 바쁜 일정 속에서도 여행을 더욱 여유롭고 풍요롭게 만들었다.

15

달콤한 미식산책

골목길에서 만난 맛집

피렌체에 도착한 다음 날 산타 마리아 노벨라 역에서 가까운 트라토리아 궬파(Trattoria Guelfa)로 갔다. 우연히 여동생과 여행 일정이 겹쳐 피렌체에서 조우했는데 맛있는 저녁을 사주고 싶었다. 기대하기론 크고 화려한 레스토랑인 줄 알았는데, 가서 보니 의외로 작고 소박한 가족 분위기의 식당이었다. 관광객은 거의 안 보이고 현지인들이 대부분인 것 같았다.

일단 레드 와인부터 시켰다. 서빙하는 아주머니에게 정통 토스카나 와인을 추천해 달라고 했더니 페뽈리(Peppoli)라는 키안티클라시코 와인을 추천했다. 마셔보니 부드럽고 입에 착 감겼다.

안티파스토로 페코리노 치즈를 곁들인 토스카나 살루미 플래터를 시켰다. 토스카나산 와인과 살루미 플래터는 시작부터 토스카나의 풍미를 느끼기에 충분했다.

이어서 리볼리타를 주문했다. 리볼리타는 가난한 소작농들이 만들어 먹었던 음식인데 귀족들이 남긴 음식을 다시 끓여서 만든 야채수프이다. 뜨거운 리볼리타를 먹더니 다들 이구동성으로 너무 맛있다고 말한다. 된장 빼고 만든 걸쭉한 시래기 된장국 같은 맛이었다.

파스타로는 피치, 리가토니, 해산물 스파게티를 주문했다.

칼국수처럼 굵직한 피치면은 페코리노 치즈의 진한 풍미를 담았고 대롱 모양의 리가토니는 토마토 소스와 잘 어울렸다. 조개, 홍합, 새우가 잔뜩 들어간 해산물 스파게티는 네 사람에게 가장 인기가 많았다.

이제 세콘디 피아티만 남았다. 다들 배부르다면서 여기서 저녁 식사를 마치자고 했다. 그러나 요리 욕심이 많은 나는 마지막 메인 코스를 꼭 먹고 싶었다. 모든 반대를 뿌리치고 비스테카 피오렌티나를 주문했다.

드디어 요리가 나왔는데 뜨거운 쇠로 만든 접시 위에 먹기 좋게 잘려져 있었다. 문제는 티본 뼈에 붙어 있는 생살이었는데 전부 먹기에 버거웠다. 동생 친구까지 합세해서 힘드니까 그만 먹으라고 만류했다. 머쓱해진 나는 반쯤 먹고 포기했다.

여행은 눈으로만 하는 것이 아니라, 입으로도 하는 법이다. 살루미, 파스타, 리볼리타, 토스카나 와인을 마셔보니 비로소 피렌체와 더 가까워진 느낌이 난다.

여행 중 혼자서 맛있는 레스토랑에서 음식을 먹을 때 항상 가족 생각이 났다. 이날은 사랑하는 가족과 함께 맛있는 토스카나 음식을 먹을 수 있어서 첫날부터 마음이 따뜻해졌다.

아르노강 남쪽 산토 스피리토 성당이 있는 산토 스피리토 광장은 젊은이들이 많이 모여 매우 활기찬 공간이다. 광장의 한편에는 빨간색 벽을 가진 오스테리아 산토 스피리토(Osteria Santo Spirito)가 있다. 피렌체의 소문난 맛집인데 점심 예약을 따로 받지 않는다. 우리는 한 시간 일찍 가서 맨 처음 줄에서 기다렸다. 시간이 되자 우리는 야외 좌석 맨 가운데 시원한 자리에 앉았다.

이곳의 주인공은 단연 뇨키(Gnocchi)다. 뇨키는 원래 가난한 서민이 손쉽게 만들어 먹는 음식이라고 한다. 소박한 음식이 이렇게 정성스럽게 완성된다는 사실이 인상적이었다. 종업원들 모두 가슴에 뇨키라고 쓰인 유니폼을 입고 있었다. 주위를 보니 거의 모든 테이블에서 뇨키를 먹고 있었다. 메뉴판을 보고 주저 없이 바로 뇨키를 시켰다.

뇨키는 무척 뜨거웠고, 감자 전분이 많아 찰지게 엉겨 붙었다. 트

러플 오일로 풍미를 더한 뇨키는 지금까지 먹어본 뇨키하고는 근본
적으로 달랐다. 입을 데일 정도로 뜨거운 뇨키는 치즈가 많이 있었
지만, 전혀 느끼하지 않고 담백하고 고소했다. 양도 많아서 굳이 다
른 파스타를 시키지 않아도 둘이 먹기 충분했다. 피렌체에서 기억
에 남을 뇨키였다.

뇨키를 먹고 해산물을 먹고 싶어서 홍합 요리와 문어 요리를 주
문했다. 피렌체에서 계속 육류만 먹다가 해산물을 먹으니까 반가
웠다. 이탈리아 바다의 풍미가 느껴졌다.

산토 스피리토에서 점심은 광장의 열기와 함께 더욱 뜨겁고 담백
했던 뇨키의 기억으로 남았다. 겉은 평온해 보이지만 입에 닿는 순
간 무척 뜨거운 것이 우리의 삶과 닮았다. 삶도 뇨키를 먹듯 서두르
지 말고, 천천히 음미해야 하는 것은 아닐까?

베키오 다리에서 아르노강 남쪽으로 조금 걷다 보면 일 산토 베
비토레(Il Santo Bevitore)라는 레스토랑이 있다. 아르노강 남쪽 지역
초입에 있는 레스토랑의 바깥 분위기는 활기차고 젊은이들로 가득
차 있다. 레스토랑에 들어가 보니 아치형 천장 사이에 있는 선반 위
에 와인 병들이 가득 진열되어 있었다. 테이블은 좁은 공간 사이에
붙어 있었는데 흰 테이블보를 깐 테이블 위로 촛불이 하나씩 켜져

있어 낭만적 분위기를 자아냈다.

우리는 멧돼지 라비올리와 가르가넬리 파스타를 시켰다. 멧돼지 라비올리는 페코리노 치즈가 뿌려져 있었고 맑은 수프가 바닥에 깔려 있었다. 아내는 라비올리를 먹어보더니 너무 깔끔하고 담백하다면서 나에게도 권했다. 먹어보니까 치즈가 뿌려져 있음에도 느끼하지 않고 고소한 맛이었다. 가르가넬리는 짧은 대롱 모양의 파스타 면이다. 이 레스토랑의 가르가넬리 파스타는 토마토와 애호박, 붉은 양파로 만들어져 있다. 포크로 찍어 맛을 보니 상큼한 토마토의 맛이 느껴졌다. 소스가 강하지 않아 파스타 면이 담백하게 느껴졌다. 기본적으로 멧돼지 라비올리의 맛과 비슷한 느낌의 파스타였다. 일 산토 베비토레의 음식은 깔끔하고 담백했다.

젤라토는 맛이 부드럽고, 쫀득쫀득해서 우리가 먹는 아이스크림과는 다른 맛이다.

피렌체에서 먹었던 젤라토 중 제일 맛있었던 가게는 비볼리(Vivoli)였다.

근처 바르젤로 박물관을 구경한 후 비볼리를 갔다. 오후 3시쯤 비볼리에 도착해보니 기다리는 사람들의 긴 줄이 두 개 있었다. 나중에 알고 보니 한 줄은 젤라토 줄 또 다른 줄은 아포가토 줄이었다. 아포가토는 이 가게의 시그니쳐 메뉴로 차가운 아이스크림 위에 뜨거운 에스프레소를 부어 먹는 커피이다. 젤라토 줄에서 한참 동안 기다리고 있는데 갑자기 소나기가 왔다. 우리는 우산을 준비해서 소나기를 피했지만, 앞줄에 서 있는 미국에서 온 것으로 보이는 젊은 여자들은 흠뻑 비에 젖었다. 젤라토를 먹기 위해 흔들리지 않고 기다리는 열정이 인상적이었다.

20여 분쯤 기다리다 차례가 됐다. 아포가토와 세 가지 맛 젤라토를 시켰다. 드디어 아포가토가 나왔다. 차가운 커피잔에 바닐라 젤라토 위에 피스타치오를 뿌린 에스프레소가 나왔다. 한 모금 쭉 마시니 차가운 바닐라의 단맛과 뜨거운 에스프레소의 씁쓸한 맛에 더하여 피스타치오의 고소한 맛까지 섞여서 기분 좋은 맛이었다.

아내가 기다리던 젤라토가 나왔다. 아내는 젤라토를 먹을 때마다 항상 레몬 젤라토는 기본으로 시켰다. 그리고 비볼리에서 유명하다던 리조 젤라토(쌀로 만든 젤라토)와 바닐라 젤라토를 시켰다. 아내는 맛을 보더니 세 가지 맛 전부 너무 맛있다고 하면서 그중에서도 특히 리조 젤라토의 맛이 제일 맛있다고 했다. 나도 맛을 봤는데 쌀 알갱이가 조금씩 씹히는 리조 젤라토의 맛이 제일 인상적이었다. 나중에 한국에 와서 무슨 젤라토가 제일 맛있었느냐고 물었을 때 아내는 주저 없이 비볼리의 리조 젤라토가 제일 맛있었다고 말했다.

피렌체에서 레스토랑 산책은 여행에 활력을 더해 주었다. 큰 기대를 안고 갔다가 아쉬움이 남은 식당도 있었고, 별 기대 없이 들어갔다가 뜻밖에 맛있었던 식당도 많았다.

진짜 맛있는 음식은, 맛에 집착하지 않고 가벼운 마음으로 식당 문을 여는 데서 시작된다는 생각이 들었다.

16

미켈란젤로 광장

장밋빛으로 물든 저녁노을

오전에 날씨가 쾌청했다. 아침에 일찍 일어나서 아르노강을 쭉 따라서 동쪽으로 걸어 바르디니 정원(Giardino Bardini)으로 향했다. 높지 않은 건물의 출입구를 지나자, 갑자기 녹색정원이 펼쳐졌다. 정원은 바르디니 빌라의 소유주 모치가 조성한 곳이다. 이곳의 상징은 중앙에 자리한 커다란 바로크 양식의 계단이다.

계단을 중심으로 오른쪽에 조성된 영국식 숲길을 따라 올라갔다. 오전에 걷는 숲길은 상쾌하기 그지없었다. 숲길은 자연스럽게 지형을 살린 구불구불한 곡선의 산책길이었다. 도심을 벗어나 깊은 오솔길을 걷는 듯한 느낌을 줬다. 다양한 수종이 빽빽하게 심어져 울창한 그늘을 만들어 냈다. 이끼를 특히 좋아하는 아내는 이끼 낀

고목 앞에서 잠시 걸음을 멈추더니 탄성을 지른다.

"아, 너무 근사하다."

숲길을 오르다 보면 중간마다 숲속 사이로 보이는 두오모와 산타 크로체 성당이 보이는 멋진 풍경을 만날 수 있었다. 숲의 푸른색과 도시의 붉은색이 자연스럽게 겹쳐 보였다.

숲은 곳곳에 나무 덩굴에 가려진 벤치가 놓여 있어서 사색과 휴식을 하기 좋은 공간이다.

한참 오르다 보면 오른쪽에 바르디니 빌라가 나타난다. 마침, 빌라에서 카라바조의 그림을 전시하고 있었다. 그의 〈도마뱀에게 물린 소년〉 그림 포스터가 입구에 크게 걸려 있었다.

바르디니 정원 가장 높은 곳에 넓은 전망대가 있다. 거기에서 아르노강 너머 피렌체 시내가 한눈에 들어온다. 뒤쪽으로 산이 병풍처럼 둘러싸고 있어 피렌체가 분지라는 것이 명확하게 드러난다. 피렌체는 지형적 특성상 분지이기 때문에 눈에 보이는 색의 채도가 높다고 한다. 르네상스를 수놓은 피렌체 출신 화가들의 독특한 색감도 여기서 비롯됐다고 한다.

전망대 바로 위 카페 하우스가 있다. 작은 건물이지만 기둥으로 둘러싸인 테라스가 있어 고풍스러운 분위기를 만든다. 오래된 건물을 그대로 카페로 이용하고 있는 점이 인상적이었다. 탁 트인 테라스 기둥 사이로 피렌체의 풍경이 펼쳐진다. 커피를 마시면서 피렌체를 조용하게 조망할 수 있는 공간이다.

피렌체는 5월이어도 낮이면 30도가 웃돈다. 카페 하우스에서 더위를 식히고 밖으로 다시 나갔다. 전망대에서 왼쪽으로 가면 등나무 터널이 나온다. 바르디니 정원의 또 하나의 상징적인 장소로 4월이면 보라색 등나무 터널로 뒤덮인다. 5월에 갔기 때문에 보라색 등나무는 자취를 감추었고 푸른 잎들만 터널을 이루었다. 중앙 계단의 왼쪽으로 바르디니 정원을 내려왔다. 계단의 왼쪽은 과일 과수원이 넓게 있었다.

바르디니 정원은 아담한 정원이지만 아기자기한 맛이 있어서 넓은 보볼리 정원과는 또 다른 매력을 느낄 수 있었다. 옛날 건물을 그대로 살려서 카페로 이용하고 있는 것도 마음에 들었다. 정원에서 본 피렌체의 풍경도 숲으로 싸여 있어 독특하고 아름다웠다. 이곳은 움직임보다는 멈춤, 소란스러움보다는 정적이 어울린다.

바르디니 정원에서 미켈란젤로 광장 쪽으로 올라가면 장미정원이 나타난다. 입구가 좁아서 그곳을 찾기 쉽지 않았다. 장미정원은 피렌체에서 낭만적이고 서정적인 장소 중 하나이다. 400여 종의 장미가 심겨진 이곳은 5월에 절정을 맞이한다. 정원 전체가 분홍색, 노란색, 흰색의 장미꽃으로 덮여 있고 장미꽃 향기는 그윽하게 정원을 감싸고 있었다. 인위적으로 풍성하게 만들어진 정원이라기보다는, 자연스럽게 곳곳에 장미꽃이 피어있는 공간이다.

정원 한쪽에 피렌체의 자매도시인 교토에서 기증한 작은 일본식 정원이 눈에 띈다. 서구식 장미정원 한가운데에 대나무와 작은 연못이 있는 동양적 공간이 있다. 침묵과 여백의 일본식 정원은 절제된 장미꽃들과 묘한 조화를 이룬다.

정원에는 벨기에 조각가 쟝 미셸 폴롱의 서정적인 청동 조각품이 곳곳에 전시되어 있다. 그중 유명한 것이 〈출발〉(Partir)이다. 가방 모양의 조각품으로 가방을 들고 여행을 떠나는 것을 상징하는 것 같다. 가방 모양의 〈출발〉은 액자처럼 되어 있어 안에 피렌체의 풍광을 담을 수 있다. 〈나는 기억한다〉(Je me souviens)는 벤치에 앉아 편안하게 휴식을 취하고 있는 사람의 모습이다. 옆자리가 비어 있어서 여행자가 앉을 수 있다.

폴롱의 조각품들은 여행자에게 대화를 건넨다. 떠남과 머묾, 고독과 자유로움에 대해서 끊임없이 질문을 던진다.

조그마한 산책로를 따라 정원을 걸었다. 장미 넝쿨 사이로 피렌체의 풍광이 보인다. 꽃의 도시 피렌체답게 피렌체는 여기서 봐야 제맛일지도 모른다. 장미정원은 장미가 많이 피어 있지 않지만 군

데군데 적절하게 피어 있어 간결하고 아름다운 여백의 미를 느끼게
했다.

[사진 62] 미켈란젤로 광장에서 본 피렌체

정원을 나와서 조금만 올라가면 미켈란젤로 광장이 나온다.

미켈란젤로 광장은 피렌체에 여행하는 사람들이 꼭 들르는 곳이
다. 특히 황혼 무렵 광장에서 보는 피렌체의 풍경이 너무 아름답기
때문이다. 광장에서 두오모와 종탑, 베키오 궁전, 베키오 다리, 산
타 크로체 성당이 파노라마처럼 펼쳐진다.

우리는 낮에서 황혼으로 넘어가는 피렌체의 석양을 보고 싶어서, 오후 6시쯤 미켈란젤로 광장에 갔다. 해가 지는 시간이 8시쯤 되기 때문이다. 도착했을 때는 이미 광장 전망대에는 사람들로 가득 차 있었다. 광장 계단에도 젊은이들로 꽉 차 있었다. 젊은이들은 커플이 많았는데 페트병에 와인을 담아가지고 온 커플들도 눈에 띄었다. 와인을 마시면서 황혼을 기다리는 낭만적 모습이었다.

가끔 계단에서 환호 소리와 함께 박수 소리가 들렸다. 피렌체가 보이는 광장 계단에서 프러포즈하는 커플이 있었다. 열심히 이벤트를 준비해 프러포즈하는 미래의 신랑을 향해 계단에 앉아 있는 사람들은 아낌없이 응원의 박수를 쳤다. 미래의 신부가 수줍어하면서 프러포즈를 승낙하는 모습이 보이자, 주위는 또 한차례 요란한 박수 소리로 가득 찼다.

어느덧 황혼 무렵이 되어 사람들이 더 많이 몰려들었다. 연인들, 아이를 목마에 태우고 있는 아빠와 가족, 친구들로 미켈란젤로 광장은 발 디딜 틈이 없었다. 해 질 무렵 광장에서 보면 아르노강과 그라치에 다리, 베키오 다리, 산타 트리니티 다리 등의 아름다운 실루엣을 볼 수 있다.

광장에서 보는 황혼의 두오모는 낮과 전혀 다른 얼굴을 하고 있다. 해 질 무렵 적갈색의 피렌체는 석양빛을 받아 더욱 붉은 색으로 부드럽게 빛난다. 주변에 키스하는 연인들의 낭만적인 모습들로 가득하다.

인생을 마무리하거나 새로 시작하는 사람들에게 석양의 피렌체는 깊은 마음의 울림을 준다.

2부
푸른빛 토스카나

"발도르차에 서면 시간은 흐르지 않고 공간 속으로 흩어진다.
인간의 영혼이 대지의 곡선과 완벽하게 일치하는 순간을 경험하게 된다."

이 엠 포스터(영국 소설가)

비아 키안티지아나 포도밭 길

포도 넝쿨 사이로 흐르는 키안티클라시코

드디어 토스카나로 떠나는 날이다. 아침에 일찍 렌터카 회사에 가서 포드 에스유브이(SUV)를 렌탈했다. 아내는 운전하고 나는 길 찾기만 하면 되는 편안한 여정이었다. 피렌체 시내를 빠져나가는 데 꽤 고생했다. 내비게이션을 보는 것도 익숙하지 않아 길을 잘못 들어 주차장으로 들어갔다. 이탈리아는 교통 제한 구역이 있어 잘못 들어가면 벌금을 꽤 많이 내야 한다. 고생 끝에 겨우 피렌체 시내를 빠져나갈 수 있었다.

비아 키안티지아나(Via Chiantigiana)는 피렌체에서 시에나로, 키안티클라시코 와인으로 유명한 키안티 지방 북쪽에서 남쪽으로 가는 도로이다. 도로 주변에 넓은 포도밭이 펼쳐져 있고 낮은 구릉과 조그마한 소도시, 중세의 성당이 곳곳에 있는 지역이다.

우리는 먼저 피렌체에서 40분 정도 걸려 그레브 인 키안티에 있는 카스텔로 디 베라차노(Castello di Verrazzano)에 갔다. 피렌체 시내하고 풍경이 전혀 달랐다. 포도밭이 녹색 언덕을 배경으로 넓게 펼쳐 있었다. 이곳은 중세의 성으로 12세기부터 와인을 양조했다.

아내는 이곳의 분위기를 너무 좋아했다. 예약을 안 해서 와인 시음을 하지 못하지만, 하룻밤 꼭 자고 싶다고 했다. 우리가 언제 중세 성에서 하룻밤을 보낼 수 있겠냐고 말했다. 그러나 우리는 카스텔리나 인 키안티에 이미 예약이 되어 있어서 숙박하는 것은 아쉽지만 곤란했다.

아쉬움을 달래려고 레스토랑 실내에 들어갔다. 와인 시음을 하려고 이미 방문객들이 테이블에 앉아 있었다. 레스토랑은 바깥쪽 창문이 통유리로 되어 있어 레스토랑 안에서 보이는 토스카나의 포도밭과 낮은 언덕의 풍광이 너무 아름다웠다. 오랫동안 피렌체 도심에 있다가 전원 풍경을 보니까 마음이 들떠서 사진을 계속 찍었다.

이곳을 떠나 40분 정도 가면 카사 키안티클라시코(Casa Chianti Classico)가 나타난다. 키안티 지역 언덕배기에 있는 이곳은 18세기 수녀원 건물에 자리 잡고 있고 테이스팅 룸과 레스토랑을 갖추고 있다. 키안티클라시코 와인의 거의 모든 것에 대해서 알 수 있는 박물관 같은 곳이다.

이곳에서 점심을 먹기로 하고 도착했더니 가는 날이 장날이라고 휴업이라는 간판이 세워져 있었다. 그런데 갑자기 건물 안에서 멋진 수염을 기른 할아버지가 나타나더니 간판을 치우고 웃으면서 우리에게 들어오라고 했다. 기쁜 마음에 들어갔다. 리셉션은 와인 바처럼 꾸며져 있었다. 와인 바에서 앉아 있다가 점심을 먹으러 왔다고 말하니까 웃으면서 문제없다고 레스토랑에 가자고 했다.

레스토랑은 야외에 좌석이 있었다. 좌석이 많지는 않았지만, 레스토랑에서 보는 토스카나의 풍경은 너무나 아름다웠다. 전형적인 토스카나의 풍경이었다. 사이프러스 나무와 포도밭, 올리브 나무 오래된 낡은 집, 낮은 언덕 모든 것이 그곳에 있었다.

우리는 토스카나 토마토 수프와 페포소(Peposo)를 시켰다. 페포소는 소고기 스튜로 키안티클라시코 와인을 넣고 오븐에 구운 토스카나 요리이다. 음식도 맛있었지만 레스토랑에 우리밖에 없어서 한적했다. 점심을 야외 좌석에서 토스카나의 아름다운 풍경을 보고 먹는 호사를 누렸다.

우리가 떠날 때 할아버지는 웃으며 말했다. "피렌체 이스 배드. 토스카나 이스 굿!" 할아버지는 복잡한 피렌체가 싫어서 앞으로도 계속 토스카나에서 살 것이라고 말했다.

여기서 15분 정도 가면 볼파이아(Volpaia)라는 조그마한 마을이 나온다. 볼파이아는 이탈리아어로 여우의 소굴이라고 한다. 이곳은 중세 분위기를 그대로 간직하고 있는 조그마한 마을이다. 와이너리 소유주는 마을 전체를 와이너리로 만들었다. 사람들이 하나둘 떠나며 더 이상 마을을 유지할 수 없는 상태였다. 결국 주민들은 마을을 와이너리 소유주에게 팔았다. 조건은 마을의 집과 성당, 골목길까지 옛날 그대로 보존하는 것이었다. 그래서 볼파이아는 외관상 와이너리처럼 보이지 않고 그냥 소박한 중세 마을처럼 보인다.

주민들은 마을을 떠나면서 왜 그토록 마을의 원형을 보존하는 일에 집착했을까? 그것은 아마도 그곳에 새겨진 시간과 추억을 지키고 싶었기 때문일 것이다.

기다리던 와인 테이스팅 시간이 왔다. 마을 광장에 와인 테이스팅 건물이 있었다. 예약 인원은 우리까지 여섯 명이었다. 들어가 보니 와인이 큰 도서관 책처럼 쌓여 있는 테이스팅 룸이었다. 미국인 세 명은 베네치아에서 친구가 결혼식을 해서 미국에서 왔다고 했다. 이탈리아 여인은 남부 토스카나 출신으로 와인 투어를 하고 있다고 했다.

모르는 사람들이었지만 같은 테이블에 앉아서 와인을 마시는 것
은 즐거운 일이었다. 얼마 지나지 않아 금방 친해지게 됐다.

키안티클라시코 두 병과 다른 품종의 와인 두 병이 나왔다.

키안티클라시코는 산미가 적당하게 느껴지고 흙냄새가 났다. 편하
게 부담 없이 마실 수 있고 어떤 음식과도 잘 어울리는 와인이었다.

아무래도 와인 테이스팅이다 보니 주량이라든지 어느 와인이 제
일 맛있었는지 서로 물었다.

와인은 사람을 금방 친하게 만든다. 테이스팅을 끝내고 마치 오
랜 친구가 헤어지듯 아쉬움을 남긴 채 각자 볼파이아를 떠났다.

볼파이아에서 30분 정도 가면 카스텔리나 인 키안티(Castellina in Chianti)가 나온다. 볼파이아보다는 크지만 역시 아주 조그마한 마을로 옛날의 고즈넉한 분위기를 그대로 간직하고 있었다. 카스텔리나 인 키안티에서 단독 주택을 빌렸다. 호텔보다 가격이 쌌기 때문에 부담 없이 예약했다.

그런데 집에 가서 깜짝 놀랐다. 집은 2층으로 되어 있는데 2층에서 본 토스카나 풍경은 너무나 아름다웠다. 1층 바깥도 정원이 있는데 높은 곳에 있어서 전망이 좋았다. 침실이 있는 2층 역시 사방이 트여있어 토스카나의 풍경을 만끽할 수 있었다.

출입문에는 젤소미나(Gelsomina)라는 명패가 붙어있다. 아마도 이 집의 이름이 젤소미나인 것 같았다. 젤소미나는 펠리니의 영화 〈길〉(La Strada)의 여주인공 이름이다. 젤소미나 명패를 보니 영화 속에서 젤소미나가 트럼펫으로 부는 애절한 주제 음악이 자연스럽게 들린다. 이후 토스카나 여행 내내 〈길〉의 주제가 '젤소미나의 테마'를 틈만 나면 콧노래로 불렀다.

아내와 난 짐을 풀고 시내로 나갔다. 카스텔리나 인 키안티는 고지대에 있는 마을이다. 시내라고 해도 조그마한 골목길이 전부였다. 골목길의 좌우에는 레스토랑, 잡화점, 카페, 호텔 등이 밀집해 있었다. 가장 번화한 길인 것 같은데 소박한 거리였다. 전체 길이가

500미터도 되지 않은 것 같았다. 거리의 끝부분에 작은 성당이 있었다. 내부 장식도 별로 없는 수수한 성당이었다.

카스텔리나 인 키안티는 조그맣고 소박한 마을이다. 이런 마을에 여러 날 지냈으면 좋겠다고 생각했다. 세상 근심 걱정 다 없어질 것 같았다. 고지대에 있어서 공기도 쾌적하고 모든 것이 조용하고 평화스러운 마을이었다.

카스텔리나 인 키안티에서 하룻밤밖에 머물지 못한 것이 못내 아쉬웠다. 조용한 마을에서 좀 더 오래 있고 싶은 마음이 굴뚝 같았다. 토스카나 여행 계획을 너무 바쁘게 짰지 않았나 하는 생각이 들었다. 다음에 토스카나 여행을 오게 되면 카스텔리나 인 키안티에서 오래 머물자고 아내와 다짐했다.

18

산지미냐노와 볼테라

시간이 멈춘 중세로 타임슬립

아침 일찍 카스텔리나 인 키안티를 출발해서 오전에 산지미냐노에 도착했다.

산지미냐노는 탑의 도시이다. 11~13세기 번영기, 귀족들은 부와 권력을 과시하기 위해 경쟁적으로 탑을 세웠다. 한때 그 수가 70여 개에 이르러 '중세의 맨해튼'이라고 불렸다.

이 탑들은 외부 방어보다는 내부 경쟁과 감시, 과시를 위한 건축물이었다.

산지미냐노는 중세 시대에 로마로 가는 순례자의 길(Via Francigena)이 통과하는 도시였기 때문에 부를 축적했다. 그러나 1348년 흑사병으로 인구 절반을 잃고 순례자의 길도 경로가 바뀌어서 쇠퇴를 거듭하다가 피렌체에 합병되었다. 시간이 멈춘 산지미냐노는 지금도 중세

의 모습을 그대로 간직하고 있다. 도시를 지나는 사람이 순례자와 상
인에서 여행자로 바뀌었을 뿐이다.

　우리는 산지미냐노에서 10분 거리에 있는 농가, 포데레 라 퀘르
차로 향했다. 토스카나에서 처음 묵는 농가 민박이라 기대가 컸다.
　농가는 포도밭 주위 언덕에 그림 같은 풍경으로 자리 잡고 있었
다. 아내가 무의식적으로 말했다. "아, 너무 좋다!" 우리는 토스카
나에서 꿈꾸던 농가에서 머물 수 있어서 기뻤다. 피렌체의 좁고 답
답한 아파트를 벗어나 토스카나에서 이틀째 전원 풍경에 있으니까
마음이 탁 트였다.

　정문은 큰 사이프러스 나무 두 그루가 있었다. 주인은 트럭을 고치고 있었는데 우리를 반갑게 맞이해주었다.

　주인 내외가 방으로 안내해 주고, 산지미냐노에 대한 정보와 레스토랑을 소개해 주었다. 포데레 라 퀘르차는 가족이 운영하는 농가 민박인데 근처에 있는 포도밭에서 나온 포도로 와인을 만든다고 했다. 짐을 풀고 산지미냐노로 갔다.

　도시에 가까워지면 가장 먼저 눈에 띄는 것은 언덕 위에 솟아 있는 열네 개의 탑이다. 넓지 않은 공간에 밀집한 탑들은 강한 입체감을 만들며 하늘로 솟아 있다. 탑들은 중세 귀족들의 권력과 욕망의 상징이었다. 외부를 향한 방어막의 기능을 한 것이 아니라 좁은 내부 공간에서 서로를 감시하고 과시하기 위한 건축물이었다. 산지미냐노가 쇠퇴한 원인이 흑사병이나 순례길의 변동으로 설명하는데 내부 경쟁과 폐쇄적인 도시 구조에도 원인이 있을 것 같았다.

　도시 관문인 산 조반니 성문을 통해 성곽 안으로 들어갔다. 성문부터 산 조반니 길이 이어진다. 도시를 가로지르는 길 주변에 레스토랑과 카페, 쇼핑 가게들이 즐비해서 늘 관광객으로 붐빈다. 거리가 짧아 하루에도 몇 번씩 오가게 된다. 바닥에 밟히는 깎이고 닳아서 매끄러워진 돌들은 오랜 시간을 묵묵히 담고 있다. 그중에는 중세 시대 순례자들이 실제로 밟고 지나갔던 돌들도 있을 것만 같다.

이 길을 걷는 것은 현재의 여행자가 잠시 시간을 거슬러, 순례자의 발걸음을 따라 걷는 것이다. 중세의 시간을 몸으로 느끼는 것이다.

길은 미로처럼 얽혀 있다가 뜻밖에 성곽길로 이어지고, 그 끝에서 토스카나 평원이 시원하게 펼쳐진다. 이곳이 높은 언덕 위에 세워진 도시라는 것이 실감 난다. 도심을 따라 올라가면 삼각형 모양의 치스테르나 광장이 나타난다. 주위는 중세 귀족들의 저택과 거대한 탑들로 싸여 있고 바닥은 오래된 붉은 벽돌이 깔려있다.

광장 중앙에 팔각형 우물이 있는데 이름이 우물을 뜻하는 치스테르나(Cisterna)이다. 광장 이름이 여기서 비롯됐는데 지금도 여행자들이 쉬어가는 휴식처 역할을 한다.

광장 한구석에 젤라테리아 돈돌리가 있다. 줄은 회전이 빨라서 그런지 금세 차례가 왔다. 시칠리아 시라쿠사산 레몬을 재료로 한 젤라토를 골랐다. 20여 년 전 시라쿠사에서 레몬 젤라토를 무척 맛있게 먹었던 기억이 났기 때문이다. 레몬 젤라토는 시고 쫀득쫀득했고 자몽 젤라토는 씁쓸했다. 아내의 피스타치오 젤라토도 피스타치오 맛이 진하게 느껴져서 고소했다.

두오모 광장 옆 골목길을 따라 오르면 산지미냐노를 한눈에 볼 수 있는 요새 라 로카(La Rocca)가 나온다. 라 로카까지 가는 골목길은 황토색 돌담길과 고풍스러운 집이 중세의 분위기를 그대로 간직하고 있다. 산 조반니 길이 복잡하고 소란스럽다면, 골목길은 좁지만 사람이 적어 한적했다. 라 로카의 전망대에서 본 산지미냐노의 풍경은 탑이 솟아있는 적갈색 도시의 모습과 푸른 토스카나 평원이 펼쳐져 있었다.

저녁을 농가에서 먹기로 하고 일찍 돌아왔다. 토요일 늦은 오후였는데 돌아와 보니 집주인은 한참 파티 준비로 분주했다. 오전에 보지 못한 아이들 대여섯 명이 마당에서 놀고 있었고 주인 내외는 바베큐를 뒷 마당에서 굽고 있었다.

우리도 덩달아서 파티 분위기에 휩쓸렸다. 저녁에 농가에서 만든 베르나차 와인을 마시기로 했다. 산지미냐노에서 나는 베르나차라는 품종으로 만든 화이트 와인이다. 역사가 오래되어 단테와 페트라르카도 좋아했다고 한다.

야외 테이블에서 베르나차를 마시기로 했다. 주인아주머니는 지인들 파티로 바쁜 와중에도 간단한 먹을거리와 와인을 준비했다. 토스카나 살루미와 같이 마시는 베르나차 와인은 부드럽고 그윽했다.

와인을 마시고 있는 도중 포도밭에 황혼이 물들었다. 레드 와인처럼 황혼에 물든 포도밭은 색다른 정취를 자아냈다. 아내와 둘이서 황혼의 포도밭을 걸었다. 푸른색 포도 넝쿨은 석양을 받아 붉은 색을 띠고, 넓게 펼쳐져 있는 금빛 포도밭만이 우리를 감싸고 있었다. 모든 것이 조용하고 아름다웠다.

다음 날 아침 일찍 볼테라(Volterra)로 갔다. 산지미냐노에서 볼테라까지는 차로 40분 거리다. 볼테라는 높은 언덕 위에 성벽으로 둘러싸인 요새 같은 도시이다. 기원전 8세기부터 사람이 살기 시작했고 에트루리아, 로마, 중세의 시간이 겹겹이 쌓여 있다.

볼테라로 들어갔다. 중세풍의 건물들이 좁은 골목길 사이사이에 있고 사람들의 거의 없어 한적했다. 언덕길을 한참 올라갔다. 언덕길은 산지미냐노의 산 조반니 길과 구조가 비슷했다. 언덕길 사이로 많은 골목길이 좌우로 연결된다. 애초에 높은 언덕에 요새로 지어진 도시이기 때문에 구조가 비슷한 것 같다. 좁은 언덕길을 따라 올라가면 갑자기 넓은 광장과 높은 건물이 나타난다.

볼테라의 중심지인 프리오리 궁전과 프리오리 광장이었다. 궁전은 13세기에 지어진 볼테라에서 가장 오래된 건물이다. 볼테라 시의 입법기관으로 오랫동안 사용되었으며 지금은 시청으로 사용된다. 광장은 주변에 레스토랑, 카페, 가게 등으로 둘러싸여 있어 사람들로 북적인다.

궁전 옆에 청동으로 만든 기마 조각상이 눈에 띄었다. 말발굽은 커다란 네 개의 바퀴 위에 놓여 있고, 기수의 몸은 머리에 비해 비정상적으로 크게 늘어져 있었다. 이 조각상은 근처 박물관에 소장된 기원전 3세기 에트루리아의 청동 조각상에서 유래한다. 머리는 작고 몸은 가늘고 길게 늘어져, 마치 해 질 녘 길게 늘어지는 그림자를 닮았다. 이탈리아 시인 다눈치오가 이름 붙인 '황혼의 그림자'(Ombra della sera)라고 불리는 조각상이다.

이 조각상을 보면 현대 조각의 거장 자코메티의 홀쭉하고 긴 조각 작품을 보는 듯하다. 2,000여 년 전 고대의 조각상이 현대의 전위적인 조각상과 비슷한 사실이 놀라웠다.

말이 서 있는 네 개의 바퀴는 에트루리아인들의 무덤 부장품으로 마차 바퀴를 상징한다고 한다. 볼테라는 자신들의 오래된 뿌리를 고대 에트루리아에서 찾았고 말과 인물의 청동 조각상을 도시 곳곳에 세워 놓아 도시의 정체성으로 표현했다.

볼테라의 성곽 도로를 따라서 걷다 보면 북쪽 끝에 로마의 유적지가 나온다. 로마 원형 극장으로 기원전 1세기 아우구스투스 황제 시절 건축됐다. 이탈리아에서 가장 잘 보존된 원형 극장 중 하나라고 한다. 기원전 1세기 높은 언덕 위 도시 볼테라에 원형 극장을 세운 것 자체가 놀라운 일이다. 2,000여 년 전 여기서 로마 희극이나 그리스 비극, 음악회 등이 열렸을 것이다. 이는 볼테라가 변방의 고립된 도시가 아니라, 로마 제국의 문화적 흐름을 공유하던 도시였다는 것을 보여준다.

　볼테라에서 가장 유명한 건축물은 남쪽에서 시내로 들어올 수 있는 포르타 알아르코 문(Porta all'Arco)이다. 포르타 알아르코 문은 기원전 3세기 원주민 에트루리아인들에 의해서 세워졌다.

　이 문의 독특한 점은 기원전 3세기에 만든 사람 머리 모양의 조각품 세 개로 장식된 돌로 만든 아치형 지붕이다. 세 개의 머리 모양이 무엇을 의미하는지는 아직도 수수께끼라고 한다.

　문 옆에는 프리오리 궁전 옆에 있는 조각상과 비슷한 말과 인물의 청동 조각상이 있다.

포르타 알아르코 문은 2차 세계대전 때 독일군에 의해서 폭파당할 뻔했다고 한다. 미군의 탱크가 문을 통해 볼테라로 들어오는 것을 막기 위해 문을 방어용 장벽으로 폭파하려고 했다. 볼테라 주민들이 남녀노소 모두 문 앞에 모여 폭파를 반대했다. 독일군은 48시간 안에 문을 봉쇄하면 문을 폭파하지 않겠다고 말했다. 주민들은 기록적인 속도로 24시간 안에 주변 도로의 포장을 제거하여 문 주위에 방벽을 세웠다. 그래서 성문은 파괴되지 않고 보존됐다. 그만큼 포르타 알아르코 문은 볼테라의 상징적인 얼굴이다.

시간이 남아 볼테라 여기저기를 구경했다. 볼테라는 생각보다 숨은 광장이 많이 있었다. 보지 못했더라면 후회할 뻔한 광장을 우연히 갔다. 에스프레소를 마시려고 여기저기 카페를 찾았는데 탁 트인 공간이 나타났다. 광장에서 생각지도 않은 멋진 풍경이 나타났다. 이곳은 전망이 좋아 푼토 파노라미코(Punto Panoramico)라고 한다. 광장에서 이어진 성곽길 밖으로 토스카나의 풍경이 펼쳐져 있고 붉은색 지붕의 고풍스러운 볼테라의 집들이 입체적으로 보였다.

볼테라는 높은 언덕 위에 있어서, 날씨가 좋은 날이면 멀리 산 너머 바다가 보인다고 한다. 홀로 고립된 높은 곳에서 토스카나 평원을 조망하면서, 이천 년 넘게 도시를 지키며 사람들이 살았다는 사실이 경이로웠다.

볼테라를 떠나 산지미냐노로 돌아가는 도로 주변은 토스카나의 멋진 풍경으로 가득했다. 이름 모를 붉은 꽃이 푸른 벌판에 가득 피어있고, 농가 입구의 사이프러스 나무는 숲처럼 서 있었다.

산지미냐노는 시간이 멈춰 있었고 볼테라는 시간이 겹쳐 있었다.

19

시에나

붉은 고딕 도시, 캄포 광장에 눕다

산지미냐노에서 차로 1시간쯤 가면 시에나가 나온다. 시에나는 붉은색 지붕의 고딕 도시이다. 시에나는 로마로 가는 중요한 길목에 있는 순례의 길(Via Francigena)이 통과하는 도시였으며, 피렌체와 패권을 다퉜다. 1557년 피렌체가 시에나를 병합하고 1737년까지 메디치가의 지배를 받았다. 피렌체가 메디치가의 지배를 받았지만, 시에나는 시민 공화정을 견고하게 유지했다.

시에나 여행의 출발점인 캄포 광장(Piazza del Campo)으로 갔다. 12세기 말 만들어진 캄포 광장은 시에나의 정치적 사회적 생활의 중심지이다. 9개 구역으로 나뉘어진 부채꼴 모양의 경사진 붉은 벽돌로 만든 광장이다. 9개 구역은 피렌체의 최고 행정 기관인 9인

위원회를 상징한다. 권력자의 흔적이 남아 있지 않은 시민의 광장
이다.

　캄포 광장에서는 팔리오(Palio)라는 중세 축제가 매년 두 차례 열
린다. 팔리오는 시에나의 17개 구역(Contrada 콘트라다)을 대표하
는 기수들이 안장 없이 야생마를 타고 벌이는 경마 경기이다. 팔리
오의 볼거리 중 하나는 경마 경기 전에 거행하는 시에나의 17개 구
역 시민의 퍼레이드이다. 기수들과 시민들이 지역을 상징하는 화려
한 의상과 헬멧을 쓰고 함께 즐기는 축제이다. 팔리오가 열릴 때는
30,000명 정도를 수용하는 캄포 광장이 인파로 가득 찬다고 한다.

팔리오 하면 떠오르는 영화가 있다. 의외의 영화지만 〈007 퀀텀 오브 솔러스〉다. 제임스 본드가 팔리오 축제가 열리는 동안 악당과 추격신을 벌이는 장면이다. 팔리오 축제 실제 장면을 미리 촬영하고 나중에 편집했다. 시에나의 붉은색 지붕 위에서 벌이는 추격 장면도 시에나에서 촬영됐다.

캄포 광장에는 푸블리코 궁전(Palazzo Pubblico)이 있다. 궁전은 14세기 중반에 완성된 시에나 공화정의 상징적 건축물이다. 푸블리코 궁전은 시에나 도시 국가를 통치하던 9인 위원회가 머물던 궁전이다. 궁전은 지금은 시립 박물관로 사용된다.

시립 박물관 2층에는 평화의 방이 있다. 평화의 방은 9인 위원회가 시에나의 중대사를 결정하는 회의실이다. 벽에는 암브로조 로렌제티의 〈선한 정부와 악한 정부의 효과〉 프레스코화가 그려져 있다. 9인 위원회가 의사결정을 할 때 이 프레스코화를 보면서 정책의 결과가 미칠 파장을 염두에 두고 신중하게 의사결정을 했을 것이다. 시에나의 시민 공화정의 정체성을 보여주는 프레스코화이다. 이번에는 복원 작업을 하는 중이라 보지 못했다. 이번 여행에서 아쉽게도 복원 중이라 보지 못한 작품이 상당수 있었다.

옆에 있는 만자 탑(Torre del Mangia)은 100미터 높이 종탑이다. 탑의 높이는 두오모 성당의 높이와 같다. 교회와 국가가 같은 크기의 권력을 가졌다는 것의 상징적 표현이다. 만자 탑의 어원은 탑의 첫 번째 종 치기의 별명에서 비롯됐다고 한다. 종 빛 치기의 별명은 만자과다니, 수입만 생기면 먹는데 다 써버리는 사람을 지칭한다. 탐식가나 게으른 사람이 종을 쳐서 만자 탑이라고 했다.

좁고 어두운 400여 개의 계단을 힘들게 올라갔다. 탑의 꼭대기에 서니, 갑자기 시에나의 도시 풍경이 파노라마처럼 펼쳐진다. 캄포 광장 너머 둥그렇게 싸여있는 붉은색 지붕과 멀리 두오모와 종탑까지 한눈에 들어왔다. 캄포 광장도 탑 위에서 보니 아래에서 보지 못한 부채꼴 모양이 선명하게 드러났다.

캄포 광장에서 가까운 거리에 시에나의 두오모가 있다. 이 성당

의 규모에 자극받아, 피렌체가 더 크고 웅장한 성당을 지으려고 했다는 사실이 실감 났다. 피사의 두오모와 비슷한 느낌을 줬지만 시에나의 두오모가 좀 더 세련되고 화려했다.

두오모의 파사드는 아랫부분은 조반니 피사로의 조각품으로 장식됐다. 윗부분은 중앙의 오쿨루스(Oculus 돔이나 벽의 중앙에 있는 개구부)와 3개의 성모 마리아에 관한 모자이크화로 장식되어 있다. 파사드의 대리석 색깔은 흰색과 검은색과 분홍색으로 되어 있다. 뒤에 보이는 종탑은 흰색과 검은색이 줄무늬로 교차되어 있다.

시에나의 두오모는 완공 이후에도 끊임없이 확장 공사를 했다. 유럽에서 제일 큰 성당을 짓기 위한 것이었다. 이는 두오모가 단순한 신앙의 대상일 뿐만 아니라 시에나 시민의 정체성과 자부심을 고양하기 위한 것이었다. 1339년에는 성당을 거의 두 배의 크기로 증축하기로 결정했지만, 흑사병의 유행으로 공사는 중단되었다.

　두오모의 내부로 들어갔다. 내부는 외부의 화려한 모습만큼 아름다웠다. 흰색과 검은색 줄무늬의 기둥이 성당 내부를 지탱하고 있었다. 돔은 파란색 바탕에 100개의 별이 장식돼 있었다.

　시에나를 상징하는 색은 흰색과 검은색이다. 세니우스와 아스키우스는 시에나의 창시자이다. 그들은 로마의 창시자인 로물루스의 조카인데, 로물루스가 아버지 레무스를 죽이자, 그들은 삼촌으로부터 달아나서 시에나를 건설했다. 이들이 달아날 때 흰색 말과 검은색 말을 타고 와서 시에나의 상징색이 흰색과 검은색이 됐다는 전설이다.

　바닥은 성서 이야기를 새긴 대리석 상감 모자이크 장식으로 덮여 있었다. 바닥 작업은 40여 명의 장인이 14세기부터 16세기까지 계속됐다. 바닥은 다양한 크기의 56개의 패널로 이루어졌으며 내용은 구약성경, 우화, 고대의 인물 등이다. 성당 바닥에도 이렇게 공을 들이는 것을 보니 시에나 시민들의 두오모에 대한 애정과 자부심을 느낄 수 있었다.

성당 내부에 특이하게 피콜로미니 도서관이 있다. 성당의 분위기와는 다르게 밝고 화려한 공간으로 시에나 출신 교황 피우스 2세의 장서를 보관하기 위한 도서관이다. 천장은 신화를 주제로 한 네 개의 패널로 장식되어 있고, 벽에는 피우스 2세의 업적을 담은 열 가지 주요 행적을 그린 프레스코화가 있다.

도서관은 열람실의 기능이 없는 단순한 장서 보관의 목적으로 성당에 세워졌다. 개인의 영광을 위한 공간이라는 점에서 시에나의 시민 정신과 어울리지 않았다.

성당을 나오면 오른편에 두오모 박물관이 있다. 박물관은 성당의 진품이 보관됐다. 특히 두오모의 외벽을 장식한 피사로의 조각품과 두초의 제단화와 스테인드글라스 장미창을 볼 수 있다. 두초의 제단화는 시에나 두오모의 제단화이다. 가로 4미터 세로 2미터의 대형 작품이고 최초로, 앞뒤로 패널화가 그려진 제단화이다. 중앙에는 예수를 안고 있는 마리아가 있고 그 주위에 성인들과 천사들로 둘러싸여 있다.

두초의 또 하나의 작품은 스테인드글라스 장미창이다. 지름 5.6 미터의 커다란 장미창은 시에나 두오모의 제단 위에 있던 스테인드글라스 창문이다. 두초가 직접 디자인하고 유리공예 장인이 스테인드글라스 작업을 했다.

장미창은 아름답고 화려한 색감이 돋보였다. 두오모의 제단 벽에서 쏟아지는 칼라풀한 빛은 생각만 해도 무척 아름다웠다.

박물관 옥상에는 파노라마 전망대가 있다. 입구에서 잠깐 올라가면 전망대가 나오는데 만자 탑과는 또 다른 전망을 보여준다. 멀리 푸블리코 궁전과 만자 탑이 보이고 가까이 두오모와 종탑이 보인다. 시에나의 아이콘인 푸블리코 궁전과 두오모가 전망대에서 하나의 장면으로 연결된다.

캄포 광장을 둥그렇게 둘러싼 시에나의 쇼핑가 치타 거리(Via Citta)가 있다. 아내의 선물을 사려고 치타 거리 곳곳을 다녔다. 치타 거리는 명동보다 작은 길로 조그맣고 예쁜 부티크 숍이 많았다. 멀지 않은 곳에 카펠레리아 베르타키라는 모자 전문 숍이 있었다. 시에나에서 여자들이 밀짚모자를 쓰고 다니는 것을 자주 보았다. 아내에게 토스카나 전통 밀짚모자를 사주고 싶어서 가게에 들어갔다. 이 가게는 베르타키 가문이 100여 년 동안 4대에 걸쳐 운영해온 수공 제작 전문 모자 숍이다. 이런 가게에 들어가면 기분이 좋아진다. 오랜 세월 이어온 장인 정신을 느낄 수 있어서이다. 아내는 밀짚모자를 써보더니 자기와는 어울리지 않다고 나더러 써보라고 한다. 나 역시 어울리지 않았다.

모자 가게를 나와서 치타 거리를 쭉 둘러보았다. 아내가 발견한 가방 가게에 들어갔다. 가게 이름은 쿠오이에리아 피오렌티나였다. 주로 가방과 클러치, 지갑 등 다양한 가죽 제품을 판매한다. 아내는 여러 가방을 보다가 마음에 드는 가방을 발견했다. 가방은 흰색 바탕 가죽을 불에 그을린 꽃무늬 가방이었다. 아내는 그 가방이 무척 마음에 든다고 했다. 한국에서 사기 힘든 가방이라 더욱 사고 싶어 했다. 결국 아내에게 꽃무늬 하얀 가죽 가방을 여행 선물로 사주었다.

오늘은 집에 일찍 들어가기로 하고 저녁이 되기 전에 집으로 왔다. 시에나의 집은 인테리어가 독특했다. 캄포 광장에서 열리는 팔리오 축제를 모티브로 인테리어가 되어 있었다. 방과 거실의 벽에는 팔리오의 사진과 말 그림, 시에나 각 지역의 헬멧과 깃발이 걸려 있었다. 아마도 주인은 팔리오의 광팬인 듯싶다.

저녁이 되자 시에나에 가랑비가 내리기 시작했다. 비가 많이 오지 않아 우리는 비를 맞으며 저녁을 먹으러 갔다. 집에서 출발해서 좁은 골목길 사이를 한참 걷다 보니 콤파니아 데이 비나티에리(Compagnia dei Vinattieri)에 도착했다. 14세기에 수도원이었다는 이곳은 지하 1층에 자리 잡은, 아담하고 고풍스러운 공간이었다. 아늑하고 조용한 식당은 격식을 차려 정장을 입은 손님들도 눈에 띄었다.

우리는 에피타이저로 계란 요리를 시켰다. 계란에 야채 크러스트를 더하고 아스파라거스와 트러플 오일을 뿌린 요리였다. 평소 에그 베네딕트를 좋아하는 아내의 입맛을 단숨에 사로잡았다. 요리마다 식용 꽃을 얹어 주는 섬세함이 미각과 더불어 시각을 붙잡았다.

이어진 라비올리는 이번 식사의 백미였다. 닭고기와 치즈가 속에 들어갔는데 담백하고 깔끔한 맛이었고, 이를 적셔주는 국물도 맑고 깨끗한 맛이었다. 새우 두 마리가 얹혀 있는 리조또도 해산물의 풍미가 가득 담겨 있었다.

창밖에는 계속 비가 내리고 레스토랑은 아늑하고 따뜻했다. 브루넬로 와인과 더불어 시에나의 향기가 몸에 스며들었다.

20

피엔차와 산퀴리코도르차

신이 창조한 푸른 곡선

시에나에서 남쪽으로 1시간 정도 가면 피엔차가 나온다. 피엔차는 발도르차의 중심 도시이다. 발도르차는 오르차강이 중앙에 흐르는 남부 토스카나의 평원이다. 피엔차를 중심으로 산퀴리코도르차, 몬탈치노, 몬테풀차노 등의 도시가 있다. 이곳은 토스카나의 전형적인 풍경을 보여 준다. 사이프러스 나무, 완만한 언덕, 푸른색 밀밭, 붉은색 지붕의 농가 등 그림 같은 풍경이 이어진다.

몇 해 전에 왔을 때는 가을에 와서 벌판이 온통 황금빛으로 물들었다. 봄의 발도르차는 푸른빛으로 빛났다. 피엔차로 가는 길에는 그림 같은 풍경이 연이어 펼쳐져 있었다. 이름 모를 노란색 들꽃들이 들판을 뒤덮인 곳을 지나가게 됐다. 지나가는 차들은 모두 도로변에 주차하고 사진을 찍고 있었다. 우리도 차에서 내렸다. 신혼부부로 보이는 커플이 들판 안으로 들어가 사진을 찍고 있었다. 본격적으로 드론까지 준비한 모습이 극성스러웠지만 젊은이다운 열정으로 느껴져 웃음이 나왔다.

발도르차 풍경을 거쳐 피엔차에 도착했다. 첫 느낌은 언덕 위에 있는 작고 예쁜 도시였다. 도시를 걷다 보면 마음이 편안하고 푸근해졌다. 피엔차의 원래 이름은 코르시냐노라는 중세풍의 작은 마을이었다. 여기서 피콜로미니라는 인문주의자가 태어났다. 그는 나중에 교황 피우스 2세가 되는데 건축가 로셀리노에게 도시의 재건을 의뢰한다.

피우스 2세의 비전은 코르시냐노를 르네상스 양식의 이상적인 도시로 재건하는 것이었다. 로셀리니는 3년 만에 도시를 새롭게 르네상스 양식으로 재건했다. 그래서 코르시냐노는 피우스의 도시 피엔차로 이름이 바뀌었다. 유럽에서 최초로 도시계획에 의한 재건을 한 도시였다.

피우스 2세는 피엔차에 휴가를 보낼 거주지를 만들 생각을 했다. 그래서 피엔차는 산타 마리아 아순타 성당과 피콜로미니 궁전 두 축을 중심으로 재건됐다. 성당의 입구에는 피콜로미니 가문의 문장이 조각되어 있고 피콜로미니 궁전은 피우스 2세가 머무는 궁전이다. 궁전 안에는 이탈리아풍의 피콜로미니 정원이 있다. 정원에서 발도르차의 전형적인 풍경이 보이고 멀리 아미아타산이 보인다. 피콜로미니가 생각한 유토피아는 복잡한 로마에서 벗어나 한적한 고향에서 자연과 함께 지내는 것이었을까?

피엔차는 다른 토스카나의 도시처럼 높은 언덕 위에 지어진 성곽 도시이다. 성곽길을 산책하면 사이프러스 나무와 푸른 벌판이 파노라마처럼 펼쳐진다. 갈색빛의 돌로 된 길과 건물들 사이로 보이는 푸른색 풍경은 강한 콘트라스트를 이룬다.

피엔차의 골목길은 예쁘고 작은 골목이 연달아 이어진다. 골목길은 꽃 화분으로 장식되어 있다. 특이한 이름의 골목길도 많다. 운명의 길, 사랑의 길, 키스의 길 등이 있다.

사랑의 길을 찾으려고 해도 워낙 작은 길이라서 헤매고 있었다. 마침, 이층집 테라스에 집주인으로 보이는 사람이 나와 있었다. 인사를 하고 사랑의 길이 어디 있냐고 물었다. 아저씨가 친절하게 길을 가르쳐 줘서 겨우 사랑의 길을 찾을 수 있었다.

키스의 길은 사랑의 길 바로 옆에 있어서 쉽게 찾을 수 있었다. 연인들이 키스의 길 표지판 아래서 기념으로 키스하는 사진을 찍고 있었다.

피엔차는 페코리노 치즈로도 유명하다. 페코리노 치즈는 발도르차의 양젖으로 만든다. 와인 숙성에 썼던 참나무통에 최소한 90여 일 숙성시킨다고 한다. 도시 곳곳에서 노란색 원통형의 페코리노 치즈를 파는 가게를 많이 볼 수 있었다.

골목길 여기저기를 돌아다니다가 점심때가 됐다. 성곽길 가까운 곳에 레스토랑이 있었다. 테라스에서 발도르차의 멋진 풍경이 보였다. 아름다운 풍경을 보면서 먹는 점심은 근사했다. 사이프러스 나무 사이로 보이는 벌판과 아미아타산은 온통 푸른빛이었다.

피엔차에서 산퀴리코도르차까지는 10분 정도 걸리는 가까운 거리이다. 가는 길은 발도르차 한복판을 지나간다. 도로 주변에는 남부 토스카나의 전형적인 풍경이 이어졌다. 발도르차 풍경은 자주 봐도 항상 새로웠다. 푸른 하늘 아래 펼쳐지는 완만한 연두색 곡선은 보는 것만으로도 마음에 위로가 됐다.

산퀴리코도르차는 나지막한 언덕 위 중세풍의 조그마한 도시이다. 도시는 성곽으로 둘러싸여 있고 작은 골목길이 도심을 이어주고 있다. 작은 골목길을 산책하는 것은 즐거운 일이다. 길에 있는 상점, 집, 지나가는 사람 등 모든 것이 가깝게 보이고 정겨워 보인다. 도심 광장에는 조그마한 성당이 있다.

성당 바로 옆에는 16세기 이탈리아 양식의 정원 호르티 레오니니가 있다. 도심 광장 바로 옆에 잘 꾸며진 넓은 정원이 있는 것이 무척 인상적이었다. 호르티 레오니니는 16세기 이탈리아 정원의 잘 보존된 예라고 한다. 좌우 대칭과 기하학적 무늬로 정원을 구성했다. 도심에 있는 정원의 존재는 도시의 이미지를 푸르게 각인시켰다.

산퀴리코도르차는 사진을 찍기 좋은 그림 같은 장소가 많다. 그 중에서도 유명한 장소인 비탈레타의 마돈나 성당로 갔다. 성당은 바로 앞까지 차로 갈 수 없으므로 주변에 차를 세우고 걸어갔다.

조그마한 성당 옆에 사이프러스 나무 몇 그루가 서 있다. 언덕 위로 성당이 사이프러스 나무 옆에 있는 사진은 산퀴리코도르차의 아이콘이다. 사람들이 성당 주위에 듬성듬성 모여있다. 모두 성당 사진을 찍기 위한 관광객들이었다. 그중 젊은 신혼부부로 보이는 커플들도 많았다. 역광이라서 좋은 사진을 기대했는데 별로이다. 당연히 성당 뒤쪽에서 찍은 사진이 더 볼만하다. 아내와 난 잔뜩 기대하고 사진을 찍었는데 실망이 컸다. 비탈레타의 마돈나 성당의 사진은 가을 성당 앞 잔디가 누렇고 푸른 사이프러스 나무가 대비를 이룰 때가 제일 좋은 것 같다.

사이프러스 나무가 서 있는 나지막한 언덕으로 갔다. 외딴 언덕에 누가 심어 놓았는지 사이프러스 나무가 원형을 이루고 있었다. 눈앞에 있는 원형을 사진으로 잘 찍기 위해서는 드론이 제일 좋다. 아니면 건너편 높은 언덕 위에서 찍는 방법도 있다. 원형으로 서 있는 나무를 눈높이로 좋은 사진을 찍기란 매우 어려운 일이었다. 아내는 스마트 폰을 달라고 하더니 원형 사이프러스 나무 한가운데에서 360도 돌면서 동영상을 찍었다. 사이프러스 나무가 둥글게 춤추는 듯하다.

마지막으로 농가 민박 아그리투리스모 포지오 코빌리로 갔다. 농가 민박의 출입구 길의 양쪽으로 사이프러스 나무가 줄지어 있다. 도로변에 주차하고 포지오 코빌리 입구에 갔더니 벌써 관광객들이 줄을 서서 사진을 찍고 있었다. 한 커플이 정문 중앙에서 사이프러스 나무를 배경으로 사진을 찍고 나면 다음 커플이 사진을 찍는다. 기다리지 못해 포기하고 가는 사람들도 많을 만큼 줄은 길었다.

갑자기 자동차가 한 대 나타났다. 쇠사슬로 된 차단기를 자동으로 올리더니 차 문을 열고 주위를 둘러봤다. 주인 차인 것 같았다. 그는 무표정한 얼굴로 사진 찍는 사람들을 둘러보더니 농가 안으로 사라졌다. 개인영업을 하는 처지에서 항상 겪는 일이기 때문에 짜증이 났을 것이다.

건너편엔 미처 보지 못한 목가적인 풍경이 자리 잡고 있었다. 마음이 탁 트이는 평화로운 풍경이었다. 우리는 사진을 몇 장 더 찍고 미안한 감정을 품고 서둘러 떠났다.

저녁을 먹기 전에 일단 묵고 있는 농가 민박 포지오 토브루크로 돌아갔다. 포지오 토브루크는 위치가 매우 좋아서 예약한 농가이다. 언덕 위에 홀로 있는 농가는 피엔차, 산퀴리코도르차, 비탈레타 성당 등이 파노라마처럼 보인다. 방은 2층으로 되어 있다. 2층 창문에서 보는 발도르차 풍경이 아름답다. 멀리 피엔차가 한눈에 보이는 말 그대로 전망 좋은 방이었다.

농가 주인은 아내의 여권을 보고 나서 자기와 동갑이라고 밝게 웃었다. 이윽고 해가 졌다. 황혼에 물든 발도르차 풍경은 또 다른 느낌으로 다가왔다.

21

몬탈치노와 몬테풀차노

시간의 미학과 귀족의 품격

피엔차에서 30분 정도 갔더니 몬탈치노(Montalcino)가 나타났다. 몬탈치노는 이탈리아 최고급 와인 브루넬로의 생산지이다.

브루넬로는 1800년대 후반 비온디 산티 가족에 의해서 만들어졌는데, 100% 지역 생산 산조베제(Sangiovese) 포도 품종으로 만든다. 수확 후 5년 뒤에 시장에 내보낼 수 있고 최소 2년 동안 오크통에서 숙성시켜야 한다. 브루넬로는 기다림이 빚어낸 시간의 예술이다.

몬탈치노에서 시음하기로 한 와이너리는 17세기 궁전에 세워진 치아치 피콜로미니 다라고나(Ciacci Piccolomini d'Aragona)이다. 가는 길은 지도에도 나와 있지 않아 전화로 알려준 길을 따라 겨우 도착했다.

건물은 고풍스러운 돌로 된 옛날 건물이었다. 오후 4시에 예약이
되어 있어서 들어가니 스탭이 와인 테이스팅 룸으로 데리고 갔다.

룸은 피아노가 있고 샹들리에가 걸려 있는, 우아하고 아늑한 공
간이었다.

둘이서 기다리고 있으니까 와인 테이스팅을 진행하는 스탭이 들
어왔다. 그녀는 동양계인 것 같았다. 우릴 보더니 어느 나라에서 왔
냐고 물었다. 한국에서 왔다고 하니까 무척 반가워했다.

드디어 와인 시음이 시작됐다. 첫 번째 와인은 로소 디 몬탈치노

2023이었다. 과일 향과 꽃향기가 나면서 부드럽고 가벼운 와인이었다. 편하게 친구들이랑 많이 마실 수 있을 것 같았다.

두 번째 와인은 브루넬로 디 몬탈치노 2020이었다. 첫 번째 와인에 비해서 빈티지도 오래되어 다른 맛을 기대했다. 브루넬로 2020은 산미가 약간 느껴지고 부드럽지만, 무게감이 있고 밸런스가 잘 잡혀있다.

마지막 세 번째 와인이 나왔다. 피안로소라는 와이너리의 대표적 와인이다. 2018년 빈티지로 특별히 엄선된 산조베제 품종으로 3년 동안 슬라보니아산 오크통에서 숙성시킨다고 한다. 브루넬로의 전형적인 무거우면서도 우아한 맛을 느낄 수 있었다.

브루넬로 와인은 가벼우면서도 무게감이 있는 역설적인 와인이다. 브루넬로 본 고장인 몬탈치노에 와서 와인 테이스팅을 한 경험은 특별했다.

브루넬로와 나의 인연은 독특하다.

서울의 집 서재에 오래된 브루넬로가 한 병 있다. 지인에게 오래전에 선물 받은 와인으로 빈티지가 무려 1962년이다. 내가 태어난 해이다. 브루넬로와 같이 나이를 먹어가며 늙어가는 것이 신기할 따름이다. 그해 브루넬로를 처음 만들었을 때 몬탈치노는 어땠을까 궁금하다. 그해의 햇살과 바람, 풍광이 고스란히 이 병 속에 녹아들었을 것이다. 내가 죽으면 와인을 오픈할까? 처음엔 환갑 때 따서 마셔볼까 생각도 했지만 지금도 여전히 내 서재를 지키고 있다. 브루넬로와 함께 나이를 먹어가는 것이다.

와인 테이스팅을 마치고 몬탈치노로 올라갔다. 몬탈치노는 다른 발도르차 도시와 마찬가지로 높은 산 언덕에 자리 잡은 도시이다. 사방을 성곽으로 두르고 발도르차 평원을 바라보고 있다. 크지 않은 도시이기 때문에 한나절이면 볼 수 있는 도시이다. 작은 도시지

만 와인 바가 많이 눈에 띄었고, 가게마다 브루넬로 몬탈치노 와인
을 팔고 있는 것이 브루넬로 본고장다웠다.

몬탈치노에서 피엔차를 거쳐 40여 분쯤 가면 몬테풀차노(Monte-
pulciano)가 나타난다. 내비게이션이 알려준 길로 갔더니 산비탈 길
로 쭉 가는 길이었다. 도로 포장이 잘 된 길도 있었지만, 지름길을
안내해 준다고 그리된 것 같았다. 가는 내내 엉뚱한 곳으로 갈까 봐
걱정되었으나 무사히 도착했다. 몬테풀차노는 몬탈치노에 비해 규
모가 약간 큰 도시였다. 높은 언덕 위에 요새처럼 자리 잡고 있고
발도르차 풍경에 둘러싸인 점에서 비슷했다. 14세기 피렌체에 복속
되었을 때부터 시에나와 대항하는 전초기지로 크게 번성했으나 시
에나가 피렌체에 병합된 이후에는 전략적 요충지의 지위를 잃었다.

몬탈치노가 브루넬로로 유명하다면 몬테풀차노 역시 비노 노빌
레 와인으로 유명하다. 비노 노빌레는 몬테풀차노 지역 포도 농장
에서 나오는 산조베제 포도 품종이 70% 이상이어야 하고 최소 2년
동안 오크통에 숙성되어야 한다.

비노 노빌레는 이름부터 몬테풀차노의 귀족적인 와인이라는 뜻
이다. 브루넬로보다는 부드럽고 키안티클라시코보다는 묵직한 중
간 지점의 매력을 가진 와인이다.

시내 중심가에 있는 와이너리, 칸티나 데 리치(Cantina de Ricci)에

조금 늦게 도착했다. 리치 가문은 중세 시대 성당이 있던 자리에 와이너리를 만들었는데, 그 후 대대로 가족 경영으로 운영했다고 한다.

와이너리 투어에 참가한 인원은 열 명 정도 됐다. 가이드는 우리를 지하 저장고에 데려갔는데, 원래 16세기에 지어진 성당이었고 층고가 높고 벽돌과 돌이 노출되어 있었다. 가이드는 칸티나 데 리치의 역사와 와인 제조 과정에 관해서 설명했다.

와이너리 벽에 크게 움푹 팬 곳이 있었다. 가이드는 자신의 할머니가 자기가 태어났을 때 와인 여러 병을 보관해 둔 장소라고 자랑했다. 가족이 기쁜 일이 있을 때 한 병씩 오픈해서 마신다고 했다. 그에게 벽의 구멍은 가족의 추억이 담겨 있는 앨범 같은 곳일 것이다.

붉은 식탁보가 깔려있고 투명한 와인잔이 세팅된 넓은 테이스팅 룸으로 갔다. 모두 기대에 차서 들뜬 마음으로 비노 노빌레를 기다렸다.

처음 시음할 노빌레 2020이 나왔다. 엔트리 와인은 항상 가볍고 부드러운데, 과일 향도 나고 약간의 단맛도 느껴지는 와인이었다.

두 번째로 나온 와인은 루페 델 사소 2019였다. 루페는 바위라는 뜻이다. 부드럽지만, 이름처럼 단단한 맛을 가진 와인이었다. 루페 델 사소만을 위한 포도밭에서 생산된 산조베제로만 만든다고 했다.

세 번째로 나온 와인은 소르알도 2017이었다. 소르알도는 와이너리의 대표적 와인으로 소유주 엔리코의 아버지 알도를 기리며 헌정하는 와인이다. 포도 수확이 좋은 해에만 소량으로 생산한다.

소르알도는 앞에서 마셨던 와인과는 약간의 차이가 났다. 약간의 드라이한 맛이 있고 단맛은 거의 느껴지지 않았지만 과일 향도 은은하게 났다. 밸런스가 좋은 와인이었다.

와인 테이스팅을 모두 마치고 나왔는데, 바깥은 아직도 해가 중천에 떠 있어서 눈이 부시고 취기가 올라왔다. 치즈와 살루미를 먹어서 그리 배가 고프지 않았지만 가볍게 뭘 먹어야 할 것 같았다. 와인 바 '라 돌체 비타'(La Dolce Vita)로 들어갔다.

라 돌체 비타는 달콤한 인생으로 번역된다. 풍요롭고 여유로운 삶을 의미한다. 그런데 돌체라는 말이 음식의 달콤함에서 온 말이기 때문에 돌체는 물리적인 맛있음의 의미가 있다. 디저트도 돌체(Dolce)라고 한다. 그래서 '달콤한 인생'보다는 어색하지만 '맛있는 인생'으로 번역하는 것이 돌체의 뉘앙스를 살리는 표현 같다. 별 차이 없지만.

와인 바를 나와서 몬테풀차노의 오후를 걷다가 '라 돌체 비타'라는 말이 다시 떠올랐다. 특별하지 않고 평범한 삶, 빠른 속도가 아

닌, 느리고 깊은 삶, 시끄럽지 않고 고요한 삶 이것이 맛있는 삶이
아닐까?

22

트레콴다

골드베르크 변주곡

피엔차에서 북쪽으로 30분 정도 가면 트레콴다(Trequanda)라는 작은 마을이 나온다. 토스카나 여행의 마지막 행선지로 며칠은 농가 민박에서 편히 쉬고 싶어 온 마을이다. 트레콴다의 아그리투리스모 솔레에 도착했다. 이곳은 트레콴다에서도 한참 들어간 외딴 곳에 있었다. 사이프러스 나무가 줄지어 있는 입구를 지나 도착해 보니 농가 민박이라기보다 동물 농장 같은 느낌이었다. 농가 민박의 큰 공터에는 말이 뛰놀고 있고 옆의 조그마한 우리에는 닭과 오리들이 있었다. 마당을 돌아다니는 흰색 멧돼지들도 쉽게 볼 수 있었다. 고양이들이 터를 잡은 농가 민박 안으로 가끔 여우도 출몰했다. 여우 빼고는 모두 농가 민박에서 키우는 동물이었다.

솔레는 농가라기보다는 전원풍 호텔에 가까웠다. 방은 호텔 객실처럼 깨끗하게 정리되어 있고 방마다 간단한 식사를 할 수 있는 테라스가 있었다. 좋았던 점은 아침 식사를 테라스에 준비해 줘서 전원 풍경을 보면서 아침 식사를 할 수 있었다. 신선한 야채와 갓 구운 빵 그리고 농가에서 키운 닭이 낳은 찐 달걀을 매일 아침 먹었다. 토스카나 한복판에서 여유로운 시간을 보냈다.

솔레에서 조그마한 마을 몬티시(Montisi)가 가깝게 보인다. 그곳으로 가기로 했다. 오전 10시쯤 도착했는데 일요일 아침이라서 아무도 보이지 않았다. 사람이 없는 조용한 마을을 둘이서 산책하는 것은 특별한 경험이었다. 마치 옛날 흑백영화의 배경 같았다. 몬티시는 토스카나의 다른 도시처럼 높은 언덕 위에 자리 잡고 있었다. 좁은 골목길이 거미줄처럼 이어져 있었다. 조용한 마을에 작은 성당의 종소리가 들린다. 종소리의 청각과 황토색 골목길의 시각이 겹쳐 정겨운 이미지로 기억된다.

점심을 먹기 위해 트러플 버섯으로 유명한 산 조반니 다소(San Giovanni d'Asso)로 갔다. 트러플로 유명한 도시답게 도시의 입구에 트러플 박물관이 있었다. 이곳도 일요일이라 사람들이 많이 다니지 않았다. 여기저기 산책하다가 외진 곳에 오래된 낡은 성당을 발견했다. 내부에 들어가 봤다. 소박한 시골 성당이었다. 이탈리아에 와서 본 성당 중 제일 소박하고 작은 성당이었다. 때로는 이런 성당이 마음에 더 다가오는 경우가 있다. 아내는 성당 내부에 있는 촛불 봉헌대에 촛불을 켜고 기도를 했다. 아마도 여행 중 큰 탈 없이 무사히 여행한 것에 대한 감사 기도일 것이다.

솔레로 돌아오자, 테라스에서 와인을 마시기로 했다. 산지미냐노에서 사 온 베르나차 와인 칼립소가 있었다. 살루미와 과일을 안주삼아 칼립소를 마시는 것으로 저녁을 대신하기로 했다. 와인을 마시다 보니 어느새 저녁이 되었다.

멀리 보이는 토스카나의 풍경이 석양으로 물들어가기 시작했다. 와인을 마시면서 보는 토스카나의 석양은 각별했다. 그날따라 석양은 긴 시간에 걸쳐 사라져갔다. 아내는 벤치에 앉아서 오랫동안 지는 노을을 바라보았다. 이제 내일이면 토스카나를 떠난다. 마지막 날 이렇게 이름다운 석양을 볼 수 있어서 행운이었다. 이번 토스카나 여행은 푸른빛으로 기억된다. 온통 푸른 토스카나의 들판을 실컷 보았다. 키 큰 사이프러스 나무, 익어가는 밀밭, 완만한 푸른 언덕, 붉은색 지붕 집들이 마음에 떠올랐다. 맛있는 토스카나 음식과 와인을 먹을 수 있었던 것도 또 다른 기쁨이었다. 봄에 보는 토스카나는 가을의 토스카나와는 또 다른 매력을 가지고 있었다. 토스카나에 다시 올 수 있을까? 이런저런 생각에 잠겨 있을 때 밤이 됐다.

해가 완전히 지자 방으로 들어갔다. 그런데 아무리 찾아도 슬리퍼가 보이지 않았다. 분명히 테라스에 신고 나가서 벗고 석양을 보러 갔는데 보이질 않았다. 혹시나 해서 테라스 근처 잔디밭을 살펴봤는데 살루미를 싸두었던 봉지가 빈 봉지로 굴러다니고 있었다. 안에 있던 살루미는 흔적도 없이 사라졌다.

생각해 보니 테라스에서 와인을 마시고 있었을 때 여우가 주위에서 어슬렁거렸던 것이 생각났다. 여우 짓이 분명했다. 테이블 위에 있던 봉투를 물어서 내리고 그 안에 있던 살루미를 먹어 치웠던 것 같다.

그리고 슬리퍼를 먹을 것으로 알고 물고 제집으로 갔을 것으로 추측했다. 여우 말고는 아무도 그런 짓을 하지 않았을 것이기 때문이다. 그날 밤 진짜 여우에 홀린 기분이었다.

방에 들어가 라디오를 켰다. 라디오에서는 글렌 굴드가 연주한 골드베르크 변주곡이 나오고 있었다. 바흐가 작곡한 골드베르크 변주곡은 아리아와 30개의 변주곡으로 이루어졌다. 그리고 마지막 다시 아리아로 돌아오는 순환구조이다. 골드베르크 변주곡은 여행과 닮았다. 여행은 집을 떠나서 이곳저곳 돌아다니지만 결국 집으로 돌아가는 것이다. 자기를 떠나서 바깥으로 나가보지만 결국 자기 자신으로 돌아오는 것이 여행이기 때문이다.

[사진 81] 토스카나 황혼

길이 남긴 것들

긴 여정을 마치고 집으로 돌아왔다. 떠나기 전 스스로에게 던졌던 질문에 대한 해답을 찾았을까? 솔직히 해답 근처에도 못 갔다. 오히려 새로운 질문들만 더욱 쌓였다. 하지만 분명한 변화는 있다. 피렌체와 토스카나에 대한 애정과 편안함은 깊어졌고 심리적 거리는 더욱 가까워졌다. 언제든 마음만 먹으면 다시 갈 수 있는 가까운 곳이 되었다.

마음속에 '기억의 방'이 하나 생겼다. 현실에는 존재하지 않지만, 삶이 힘들고 괴로울 때는 언제든지 들어가 위로받을 수 있는 은신처다. 피렌체와 토스카나는 내가 낡았다고 느껴질 때 언제든지 들어가서 다시 새로워질 수 있는 장소가 되었다.

문득 피렌체에서 보았던 낡은 프레스코화가 떠오른다. 은은하고 낡은 색깔의 그림이 선명하고 뚜렷한 유화보다 더 기억에 남는다. 단 한 번의 붓질로 완성해야 하는 프레스코화는 여러 번 덧칠할 수 있는 유화보다 깊이 마음을 흔든다. 벽화는 건물과 함께 늙어가고 결국 소멸한다. 억지로 복원하지 않는다는 전제로. 우리의 삶도 유화보다는 프레스코화를 닮았다. 한 번 살아버린 삶은 되돌릴 수 없다.

글을 쓰면서 새로운 여행을 했다. 보았어도 알지 못했던 새로운 것들을 다시 보게 되었고, 망각으로 사라져 버릴 것도 붙잡았다. 여행은 꿈꾸는 순간부터 시작하고 기억하는 전 과정임을 깨달았다. 이젠 마음만으로도 떠날 수 있다.

여행은 결국 돌아올 수밖에 없다. 돌아와서 새로운 눈으로 이전과는 다른 리듬으로 나 자신과 주변을 바라보는 것이다. 피렌체와 토스카나에서 돌아온 지금 나에 대해서도 주변에 대해서도 조금 더 잘 알게 되었다. 그것만으로도 충분하다고 생각했다.

다시, 새로운 여행을 꿈꾼다.